LOS OCHENTA AÑOS DE
SOFÍA

JAIME PEÑAFIEL

LOS OCHENTA AÑOS DE
SOFÍA

Grijalbo

Papel certificado por el Forest Stewardship Council®

Primera edición: octubre de 2018

© 2018, Jaime Peñafiel
© 2018, Penguin Random House Grupo Editorial, S. A. U.
Travessera de Gràcia, 47-49. 08021 Barcelona

Créditos de las fotografías: © Getty Images (pp. 73, 98, 112, 128, 175 y 182;
© Gtres (pp. 115, 140, 176 y 178); © Agencia EFE (p. 82).
El resto de las imágenes del libro han sido cedidas por el autor.

Printed in Spain – Impreso en España

ISBN: 978-84-17338-16-9
Depósito legal: B-16.570-2018

Compuesto en M. I. maquetación, S. L.
Impreso en Egedsa
Sabadell (Barcelona)

DO 3 8 1 6 9

Penguin
Random House
Grupo Editorial

ÍNDICE

ANTES DE EMPEZAR:
Esposa, madre y abuela

Los años pasan sin que nos demos cuenta, menos los de los reyes que suelen ser casi una fiesta nacional. Aunque don Juan Carlos y doña Sofía cumplen los ochenta el mismo año, no son de la misma edad: mientras que el rey nació el 5 de enero de 1938, la reina vino al mundo el 2 de noviembre. Se llevan, pues, once meses.

La propia reina Federica, en sus *Memorias,* recuerda así el nacimiento de su hija Sofía:[1]

Mis dos hijos mayores, Sofía y Constantino, nacieron en el salón de nuestra casita de Psychico, puesta a nuestra disposición por el Gobierno (reinaba entonces el rey Jorge del que Pablo, también llamado Palo, era su heredero). Al principio del embarazo de Sofía me sentí muy mal. Creí que se trataba de algo de estómago, pero Palo sabía que íbamos a tener un hijo, lo que me

---

1. Federica de Hannover, *Memorias: la madre de la reina Sofía,* La Esfera de Los Libros, Madrid, 2006.

pareció increíble. Como ni siquiera se me había pasado por la imaginación semejante cosa, dije: «¿Que voy a tener un niño? ¡Ni pensarlo!». Pero pronto empecé a pensar en ello. Era la cosa más natural.

Como en aquella época y hasta muchos años después no podía conocerse el sexo del bebé que iba a nacer, ante la posibilidad de que fuera niño se guardaron las formalidades testificales que marcaba el protocolo real para el momento del parto. Junto al rey Jorge II, en el salón contiguo adonde Federica daba a luz, también se encontraban el primer ministro, Ioannis Metaxas; el jefe de la Casa del Rey, Alexander Mercatis; el alcalde de Atenas, Ambrosio Plitas, y el ministro de Justicia, Agis P. Tabacopoulos, como encargado del registro civil. Presentes también los padres de Federica, Ernesto Augusto de Hannover y Victoria Luisa de Prusia.

Por teléfono, desde la casa de Psychico, y cuando se produjo el feliz alumbramiento, el primer ministro ordenó que la guarnición de artillería disparara, desde el monte Lycabettos, las veintiuna salvas de ordenanza, como homenaje a la niña recién nacida. Ciento uno de haber sido varón.

Palo y yo hubiésemos querido que nuestra hija se llamara Olga. Pero, cuando la gente que se agolpaba alrededor de la casa contó el número de disparos empezó a gritar «¡Sofía!, ¡Sofía!». [...] Era tan feliz en mi nueva vida y con mi hija que, por nada del mundo, la hubiera cambiado.

Por su parte, doña Sofía le recordaba a la querida compañera Pilar Urbano para el libro *La Reina*:[2]

---

2. Pilar Urbano, *La Reina*, Plaza y Janés, Barcelona, 1996.

¿Qué puedo decir...?. Nací por la tarde, casi de noche. En algún sitio he leído que fue a las ocho y cuarto. En Grecia se pone el sol antes que aquí y, en otoño, anochece muy pronto. Tengo que creerme lo que he oído en casa: que se me ocurrió nacer, ¡ufff!, ¡el día de los muertos!, y que mi madre quería que me llamase Olga, en recuerdo de mi bisabuela, Olga de Rusia, la mujer de Jorge I, el fundador de la dinastía griega. Pero la gente, la gente de la calle, en cuanto oyó las salvas, acudió a la casa de Psychico, gritando «¡Sofiiiaaa, Sofiiiaaa!», porque en Grecia la costumbre es poner el nombre de los abuelos. No repetir el de los padres, ni irse hasta los bisabuelos. Y... ¡con Sofía me quedé!

En el bautizo me pusieron también una hilera de nombres amén de Sofía: Margarita, Victoria Federica. Nosotros aquí, con nuestros hijos, hicimos lo mismo, solo que al final les poníamos «y de la Santísima Trinidad y de todos los Santos». ¡Así quedábamos bien con todos!

A propósito del nombre que se le impuso a Felipe, ha habido muchas versiones entre ellas que fue el general Franco quien aconsejó a don Juan Carlos que mejor un Felipe que un Fernando porque los Felipes están más lejos que los Fernandos.

A Franco no se le consultó. Lo decidimos entre nosotros. Pero ese comentario de Franco no lo rechazo. Le pega mucho. Pudo haberlo hecho, aunque después. Nosotros dos pensamos llamarle Felipe por Felipe V de Anjou, que fue el primer Borbón.

Y, repasando su genealogía, el comentario de doña Sofía a juicio de Pilar Urbano «es sorprendente y desmitificado»:

Me interesa mucho más fijar bien el pedigrí de mis perros que el mío.... De todos modos, desde Jorge I, la familia real griega se apellida Grecia. Todo eso de Schleswig Holstein Sondenburg Glucksburg... ¡fuera, fuera! El rey Jorge los abolió. Ya no son apellidos. Son solo lugares de origen, alemanes y daneses. Mi apellido es Grecia y punto.

Lleva toda la razón. Precisamente, el pasado 25 de marzo el ex presidente Carles Puigdemont fue detenido cuando intentaba llegar a Bruselas desde Helsinki, pasando por Alemania, en la localidad del estado federal de Schleswig-Holstein que, ¡oh casualidad!, son los apellidos de doña Sofía.

Es indiscutible que entre don Juan Carlos y ella debió de existir alguna vez amor o algo parecido, como se puso de manifiesto aquel 2 de noviembre de 1978, el cuarenta cumpleaños de la reina.

El rey sabía lo que la familia suponía para ella. No solo sus hijos sino, además, en aquella época, su madre, sus hermanos, sus tíos y sus primos. Tenerlos ese día junto a ella era el mayor de los regalos que podía hacerle. Y don Juan Carlos se puso manos a la obra sin que ella supiera nada. Para eso y con el mayor de los secretos, llamó a unos y a otros convocándoles en Madrid con la complicidad de su hermana, la infanta Pilar, que ofreció su casa. El día señalado y a la hora prevista fueron llegando todos. Engañada, doña Sofía fue hasta allí, poco antes de las ocho de la tarde. Al entrar en la casa y acceder al salón, se encontró a todos los suyos. Ella, que siempre procura evitar que afloren sus sentimientos, rompió a llorar abrazada a su marido. Desgraciadamente, en pocas ocasiones como esta ha sido tan feliz, tan dichosa, ¿tan enamorada?

Difícil es recordar hoy otro cumpleaños feliz. Ni aniversarios de boda. Posiblemente porque, desde hace mucho tiempo, demasiado, que no hay nada que celebrar. Incluso es mejor no recordar. Aunque a doña Sofía no le importa el paso del tiempo. Cuando cambió de década comentó: «Ahora estreno el 7, pero lo importante es encontrarse bien». Y eso que dejaba atrás un año muy difícil, en el que había sufrido mucho al ver cómo su vida más íntima y privada salía por primera vez a la luz. Doña Sofía no quería ver la realidad hasta que se abrió la veda en los medios de comunicación y empezaron a ser de dominio público los nombres femeninos que ella creía habían sido solo flor de un día.

La única vez que este autor ha sido testigo de una celebración, sucedió durante una visita oficial de los reyes de España a Guinea Conakry, cuando el presidente Sékou Touré los invitó, por sorpresa, a apagar las diecisiete velas de la tarta del aniversario de su boda. Era el 14 de mayo de 1979. Aquella noche se ofrecía a los reyes una cena de gala en el Palacio Presidencial de Conakry, a la que este autor asistía como parte del séquito informativo del viaje de los reyes. A los postres, apareció, sobre la mesa, la gigantesca tarta de cinco pisos, rematada por las velas. Don Juan Carlos y doña Sofía, muy emocionados,

Los reyes don Juan Carlos y doña Sofía en el momento de apagar las 17 velas de la tarta de aniversario de su boda que les ofreció, por sorpresa, el presidente Sékou Touré y su esposa, presentes en la foto.

soplaron por dos veces consecutivas. «Es la primera vez que apago una tarta de aniversario», me diría la reina con la emoción todavía reflejada en sus bellísimos ojos color uva. Mientras, en el exterior del palacio, cientos de guineanos fulbés, los típicos habitantes de las sabanas, los mandingas, los malinké y los susu bailaban en honor de tan regios invitados.

Han pasado muchos años. Ya nada es igual. Ni lo será nunca. ¿Mejor? ¿Peor? Lo que ya no habrá nunca serán los *annus horribilis* que jalonaron su vida de sufridora esposa, ya que no pudo reconducir la maltrecha felicidad de su matrimonio. Y de sufridora madre, ya que no pudo evitar que sus hijos se casaran con quienes quisieron, aunque la experiencia ha demostrado que no con quienes debieron. El matrimonio de la infanta Elena con Jaime Marichalar, que acabó en divorcio. El de la infanta Cristina con Iñaki Urdangarin que, el 18 de junio de 2018, un lunes, ingresaba en la cárcel de Brieva, en Ávila, para cumplir los cinco años y diez meses que el Tribunal Supremo le había condenado por prevaricación continuada, malversación, tráfico de influencias, fraude a la Administración y dos delitos fiscales. Y, lo que son las cosas de la vida, ocupando la misma celda que Luis Roldán, el director general de la Guardia Civil, pasó, nada menos, que quince años. Y Felipe con una mujer, Letizia, que no goza del fervor popular.

La fecha motivo de nuestra atención sobre doña Sofía, los ochenta años, es una de esas que se consideran «redonda». En el matrimonio, los veinticinco años se califican de plata; los cincuenta, de oro; los setenta y cinco, de diamante. Las ocho décadas en la vida de una persona que la reina «emérita» se dispone a cumplir, el próximo 2 de noviembre (celebrar es mucho decir), la calificarán de octogenaria, pese a lo poco atractiva que pueda parecer la palabra.

No será ya la soberana reinante, ni reina viuda (que no lo está), ni reina madre (que lo es, pero no le gusta esa definición), ni divorciada (que ni lo está ni lo quiere). ¿Su estado civil? Digamos que... separada. Dicen que, aunque no tiene el corazón de acero, difícilmente deja adivinar sus sentimientos. Pienso que eso ocurre, tan solo, de puertas hacia fuera. En cualquier caso, doña Sofía es una mujer tercamente decidida a cumplir con su deber. Es tan realista que en modo alguno se compadece de sí misma por la situación de esposa sufridora y mal querida. Pienso que ha llegado a un perfecto equilibrio entre sus sentimientos por un lado y las obligaciones por otro. No le ha quedado más remedio porque, además, solo tiene a su hermana Irene para confiarse y, sobre todo, consolarse.

«Bajo esa apariencia, se esconde una mujer con su dosis de ambición, a la que le encanta el protagonismo. Le entusiasman las joyas, aunque no las luzca en público, y las firmas de lujo. Por sentido del deber, ha tragado mucho, pero lejos de don Juan Carlos su vida no hubiera sido tan apasionante», aseguraba Consuelo Font en La Otra Crónica de *El Mundo*. Para ella, ser reina está por encima de todo, casi como si se tratara de un sacerdocio. Así la educaron y no conoce otra cosa. Por eso se ha volcado tanto en su papel. A diferencia de la nuera, la inefable Letizia, doña Sofía nunca se ha sometido a operaciones de cirugía estética. Sus cuidados cosméticos se limitan a las cremas. Desde hace veinticinco años, la viste la misma modista, Margarita Nuez, y sigue calzando el mismo tacón mediano de siempre. Su peinado no ha cambiado en todos estos años. Dejó de fumar hace veinte años. Apenas bebe alcohol y, aunque no es vegetariana en el sentido más amplio de la palabra, se alimenta sobre todo de verduras, huevos y lácteos, y nunca figura la carne en sus menús.

Una de sus mayores cualidades es que jamás se da por vencida, como destacó el Premio Nobel de la Paz 2006, Muhammad Yunus, impulsor de los microcréditos y una de las personas que doña Sofía más admira. Tanto es así que, en el mes de marzo de 2018, se reunió con él en Riad, capital de Arabia Saudita, durante un congreso sobre educación. Con motivo del setenta y cinco cumpleaños de la soberana española, el citado Nobel manifestó:

> Su Majestad la Reina doña Sofía es uno de los seres humanos más impresionantes que he conocido. Es una persona increíble con profundas cualidades humanas. Ella está intensamente interesada en la gente, especialmente en las mujeres olvidadas en nuestras sociedades. Sus sentimientos por ellas son auténticos y fieles a sus principios. Doña Sofía toma partido por las mujeres cada vez que tiene oportunidad y muestra su profundo interés en todos los detalles de sus vidas. Se involucra sin reparos. Se hace amiga de personas que nunca soñaron que se acercarían a la realeza.
>
> He tenido el privilegio de acompañar a Su Majestad a muchos pueblos de países en Asia, África y América Latina. Dondequiera que fuese, se aseguraba de que las mujeres que conocía no la considerasen una celebridad, sino que la vieran como a una amiga con la que discutir sus problemas abiertamente. Como amigas cercanas.
>
> Doña Sofía tiene una gran habilidad para recordar nombres, caras y los asuntos discutidos. Ella nunca se da por vencida en su campaña para llevar esperanza a las mujeres que encuentran difícil hallar cualquier esperanza.

Desde que estalló el caso Nóos, su vida es un permanente equilibrio para intentar que la familia, tan importante para ella, no se rompa más de lo que ya está, midiendo los pasos y los gestos que da, si bien no siempre con acierto. Sobre todo, procura que no se repita lo sucedido en diciembre de 2011, cuando pareció solidarizarse con su hija la infanta Cristina y su yerno Iñaki Urdangarin, al acudir a Washington para fotografiarse sonrientes con ellos en la portada del *Hola*. Fue como un desafío, una respuesta a la Zarzuela por apartarles de la familia, debido a su comportamiento poco ejemplar.

En noviembre de 2012, volvió a equivocarse, «desafiando» a su propio hijo al acudir, con su hija y con Iñaki, al hospital donde el rey don Juan Carlos se encontraba internado a consecuencia del accidente de Botsuana, cuando asistía a un safari en compañía de Corinna, su amiga «entrañable». Según Almudena Martínez Fornés, en *ABC*, «desde entonces la Reina ha tomado nota y ha modificado su forma de actuar». Y pone un elocuente ejemplo: «Cuando el pasado 28 de septiembre viajó a Ginebra para el cumpleaños de su nieto, Juan Urdangarin, fueron todos los nietos los que bajaron a la puerta de la casa para recibir a la abuela, pero ni su hija ni su yerno lo hicieron para no aparecer en las fotos». Y yo pregunto: ¿por orden de su hijo, el rey, o por propia decisión?

Y aunque, como dice la ranchera, «sigue siendo la Reina», su vida ha dado un giro de 180 grados, sobre todo, desde que don Juan Carlos abdicara y ella pasara a ser «emérita». De eso vamos a hablar.

INFANCIA Y PRIMER AMOR DE JUVENTUD

Nacida griega

Su lugar de nacimiento marcó su vida como una tragedia. En la de pocas reinas o princesas de nuestra historia ha habido más sufrimiento que en la de doña Sofía, convertida hoy ¿en reina madre?: «¿Reina madre?... No me gusta nada. Yo soy reina porque me he casado con el rey. Soy consorte. Ese es mi estatus personal, consorte del rey. Yo no tengo estatus propio como reina. El rey es él. ¿Yo, Sofía, por mí sola? Por mí sola soy princesa de Grecia y punto». «¿Y reina madre?» «Ni reina madre ni reina viuda. Si tengo que ser algo, simple y sencillamente, seré reina Sofía.»[3]

Y lleva razón. Habla con mucho sentido común. La monarquía española, como todas las de nuestro entorno, no es bicéfala. Solo hay un rey, que es, además, el jefe del Estado. ¿Conoce alguien una jefatura del Estado con dos cabezas?

3. Pilar Urbano, *La Reina, op. cit.*

También podría ser ex reina consorte si se hubiese divorciado de don Juan Carlos. ¿Podría? Habría podido. Y todavía podría hacerlo. Si antes un divorcio no habría afectado a la institución, ahora, tras la abdicación del rey, mucho menos. Y, aunque motivos hubo para un divorcio, tanto ella como él prefirieron continuar unidos en beneficio de la institución. Ese fue el gran sacrificio de doña Sofía, que decidió cerrar los ojos y continuar arrastrando su amor, lo cual los convirtió en una pareja que controlaba sus impulsos y aparentaba normalidad.

El matrimonio de don Juan Carlos y doña Sofía se vendió siempre como una historia de amor. En realidad no hubo ni flechazo ni amor. A primera vista lo más que hubo fue un chispazo. Aunque sea duro escribirlo, y más duro aceptarlo, don Juan Carlos, mientras fue el monarca reinante, jamás abandonó a doña Sofía, aunque no la amara nunca. ¿Por qué se casaron entonces?, preguntará, con lógica, el lector. Esta es la historia que, con conocimiento de causa, vamos a ofrecer en estas páginas, dejando bien claro que el drama de doña Sofía es que sigue, si no enamorada, sí amando a su marido... en la distancia, como siempre.

El rey demostró públicamente que no amaba a su mujer el día de los funerales del conde de Barcelona, en El Escorial. Por vez primera se puso de manifiesto la crisis existente en el matrimonio. Artículos y editoriales recogieron el gesto de doña Sofía cuando, viendo el esfuerzo que hacía su marido por no llorar, de forma abierta le apretó cariñosamente el brazo derecho y luego pasó su brazo izquierdo sobre los hombros, gesto que emocionó tanto al rey que ya no pudo contener el llanto, aunque no le devolvió la caricia.

Ese día, pero solo ese día, en años de mala convivencia, ambos fueron fieles a las palabras de san Agustín: «Si callas, callarás con amor; si lloras, llorarás con amor; si corriges, corregirás con amor; si perdonas, perdonarás con amor».

En mi larga y dilatada vida profesional, en la que he visto tanto dolor y tantas lágrimas, no recuerdo que ninguna imagen inspirara tal cantidad de artículos, editoriales, comentarios y cartas al director como la de la reina, ese sábado 3 de abril de 1993, cuando derramó sus primeras lágrimas en público. De ese día y de ese hecho en concreto hablaremos y escribiremos con detenimiento más adelante.

«¿Es tan grave sufrir?», preguntaba Colette. «Sufrir y llorar es vivir», pensaba Dostoievski. Si nos atenemos a las palabras del escritor ruso, doña Sofía ha debido de vivir intensamente porque, desde niña, ha sufrido mucho. Sufrió cuando con siete años sus padres decidieron enviarla, desde Atenas, a Salem, el colegio alemán del que el príncipe Jorge de Hannover, hermano de Federica, se había hecho cargo. Nunca olvidaré el momento en que Sofía y yo nos despedimos», recuerda su madre en el libro *Memorias: la madre de la reina Sofía*.[4]

> Ya se encontraba sentada en el coche y a punto de arrancar cuando, abriendo la portezuela, se apeó y se arrojó a mis brazos llorando: «Mamá, mamá, no quiero irme». Tuvieron que separarla físicamente, pues estaba fuertemente abrazada y llorando a lágrima viva.

Anteriormente se vio obligada, a lo largo de cinco años y desde que solo tenía tres, de 1941 a 1946, a cambiar de residencia hasta veintidós veces, en un éxodo, más que exilio, desde Grecia a Egipto y desde allí a Sudáfrica. En Ciudad del Cabo vivieron en un pequeño bungaló en el campo que anteriormente había sido una cuadra. «Estaba llena de ratas que no dejaban dormir en sus carreras por el tejado», recordaba su madre. «Cuando íbamos a acostarnos lo hacíamos llevando en una

---

4. Federica de Hannover, *op. cit.*

mano un garrote y en la otra una antorcha. Olvidaba decir que la cuadra carecía de luz eléctrica.» Al trasladarse a otra un poco mayor, las cucarachas invadieron las cuatro habitaciones y la suciedad la hizo inhabitable. Una tercera vivienda, de una amiga griega, les deparó cierta felicidad. Allí nacieron la princesa Irene y el príncipe Constantino. Luego vino el exilio en El Cairo, en Alejandría.

Cicerón escribió que quien sufre tiene memoria. Mucho debió de sufrir Sofía para no haber olvidado aquellos años tan dramáticos y todos los que vendrían después.

El primer gran sufrimiento

El 31 de marzo de 1946 los griegos votaron, en referéndum, la restauración de la monarquía y la familia real regresó a Grecia. Fue el verdadero encuentro de Sofía con su tierra, que había abandonado cuando solo tenía unos tres años, como ya hemos recordado. Al regreso había cumplido los siete. Tanto la casa de Psychico como el palacio real habían sido saqueados por la soldadesca italiana, alemana y británica. Para calentarse y guisar, encendieron fuego con los marcos, las sillas y las mesas de los salones, utilizándolos como leña.

Durante aquellos años de infancia, Sofía sufrió su primer drama afectivo, el primero de los muchos que jalonarían su existencia. El motivo no fue un amor no correspondido, como los que hubo en su vida, sino una mujer, Sheila McNair, a la que no solo adoraba sino que quería con locura. «Fue más que una institutriz, mucho más que una niñera. Fue mi segunda madre. No me importa decirlo.» «El día que me dejó para casarse fue el primer desgarro de mi vida. Lloré sin consuelo durante días y días. Yo tenía doce años y jamás había sufrido tanto por una separación. ¡Jamás! No exagero.» La amaba y la amó siempre tanto que, cuando se casó la infanta Elena, la invitó a la boda.

Para ella quiso la mejor habitación del Hotel Alfonso XIII de Sevilla. Pero tuvo la desgracia (a doña Sofía parecen perseguirle) que, al descender del autobús que transportaba a los invitados a una de las recepciones, cayó y se fracturó una pierna. La reina canceló los compromisos que tenía y se trasladó al hospital donde iba a ser operada. Doña Sofía hizo valer su título de enfermera, con todas las de la ley, para que le permitieran permanecer junto a ella en el quirófano.

Ella, que parecía destinada a vivir feliz, tener una familia feliz y disfrutar de muchos años de felicidad, aprendió a sufrir sin quejarse, a considerar el dolor sin repugnancia, buscando, y a veces encontrando, un mundo propio donde no pudieran herirle los avatares y manteniendo, a pesar de todos los dramas íntimos, la autodisciplina. Para ello decidió cerrar los ojos ante determinadas conductas para no perder el entusiasmo natural que experimentaba por la vida. Creer que porque sus ojos no expresasen nunca nada no sufría, es un error. Posiblemente sufría con la esperanza de no sufrir más. Y así la vida se le ha ido escapando sin haber sido nunca feliz. Es más, sin poder gozar de lo ya adquirido para convertirse en una sufridora esposa, una sufridora madre y una sufridora ex reina sin marido.

Su vida sentimental

Ya en otras ocasiones me he referido a aquellos matrimonios reales que nunca fueron felices porque la felicidad que no tenían con sus parejas se debía a que no se casaron, en su día, con la mujer o el hombre de los que estaban enamorados, como solo se está del primer amor. Ese que, como la alondra que se lanza al aire, canta primero y después se calla, que decía Shakespeare. Ese amor que siempre está ahí, en la memoria del corazón, en un rincón del alma.

Doña Sofía siempre ha negado su romance con el príncipe Harald de Noruega. Es más, aprovechó la primera oportunidad que tuvo, el libro de Pilar Urbano, *La reina,* para desmentirme: «Yo era romántica. Pero no tenía romances sentimentales, no tenía novios. Juanito sería el primero y el único». Eso es totalmente falso. Primero, tener amor o amores, cuando se está en edad de sufrirlos, es normal en toda joven. No haberlos gozado o sufrido puede resultar hasta raro y sospechoso. Por ello no hay que negar el pasado sentimental. Todos lo hemos tenido. Incluso un primer amor y hasta una primera decepción, amén de otros amores y otras decepciones. Como fue el caso de doña Sofía.

Más adelante, si no lo admitió, sí que lo reconoció: «Yo iba a cumplir veinte años. No había visto en mi vida al príncipe Harald de Noruega. Sé que hubo mucho interés en casarme. Se propiciaron encuentros, se hicieron cábalas. El resultado de ese emparejamiento forzado fue nulo».

Doña Sofía no miente, pero no dice la verdad. Se olvida de que en el número 837, de septiembre de 1960, de la revista *Hola,* de la que yo era redactor jefe, se podía leer: «Todo empezó en Estocolmo, en 1958, durante una de las visitas de la familia real griega a los países escandinavos». Doña Sofía tenía entonces veinte años y era una princesa muy bonita. Por ello no era extraño que en el baile ofrecido por el rey Olaf a los soberanos helenos, Pablo y Federica, la princesa bailara incansablemente con el príncipe heredero Harald y solo con él. Como es lógico, al día siguiente, todo Oslo hablaba de la princesa Sofía como la novia de Harald. Posiblemente ella lo haya negado siempre como una deferencia hacia don Juan Carlos, deferencia que él no se merecía.

Como consecuencia del resultado de aquel encuentro, la reina Federica, que era muy casamentera, invitó inmediatamente al príncipe Harald a unas vacaciones en la isla de Corfú.

Lo mismo haría más tarde con don Juan Carlos, cuando intuyó que podía estar interesado en su querida hija. ¿Qué tenía Corfú para Federica? Según escribe en sus *Memorias*:

> Corfú es el sitio más maravilloso del mundo para enamorarse. Las noches son más misteriosamente silenciosas que en ninguna otra parte por el chirrido (*sic*) de las chicharras y el intermitente ulular (*sic*) de los búhos. A veces una brillante luna de color naranja transforma a los cipreses en agujas de campanarios góticos que apuntan hacia el cielo oscuro e inundan de serenidad los corazones de quienes los contemplan. Corfú es un lugar para jóvenes y nosotros insistimos en que siguiera siéndolo. Por la noche, después de cenar, Palo y yo nos sentábamos en nuestras butacas para escuchar música clásica en la oscuridad.

En ese ambiente tan feliz Federica intentó que su hija Sofía uniera su vida a la de Harald, interesado al parecer por ella. La estancia del heredero noruego en aquel paraíso duró quince días durante los que parecían muy felices. Por las mañanas se bañaban en el mar y «los dos en bañador, efectuaban paseos en lancha», como se leía en el pie de la fotografía publicada a tres columnas en el reportaje sobre este romance real que publicó la revista *Hola*.

La cobardía de Harald

Al parecer, y por lo que sé, todo fracasó por una razón muy sórdida: la dote de Sofía era demasiado poco importante. «El rey Pablo había pedido para la ocasión cincuenta millones de francos antiguos al Parlamento griego, pero solo le autorizaron la mitad», publicó la periodista francesa Françoise Laot, redactora jefe de la revista especializada en monarquías *Point de Vue*, que abordó el fracasado noviazgo de Sofía con Harald en su libro *Juan Carlos y Sofía*.[5]

Personalmente yo pensaba que no fue solo el tema de la dote, quizá las razones fueran más mezquinas y cobardes: Harald no tuvo la nobleza que no solo se le exige a un príncipe, sino a cualquier hombre. No tuvo el valor tampoco de confesar que ya estaba enamorado desde hacía muchos años de otra mujer, una costurera llamada Sonia, con la que se casaría años más tarde (yo asistí a la boda en Oslo), dejando a la pobre Sofía compuesta y sin novio.

Es humano que doña Sofía no haya querido nunca reconocerlo. ¿Hubiera sido más feliz casándose con Harald que con Juan Carlos? Por lo sucedido, sin duda. Peor no le podría haber ido.

Al escribir sobre el noviazgo fracasado de Sofía y Harald nos hemos olvidado de un hecho que demuestra que el futuro, el porvenir, el destino de todo hombre y de toda mujer, está escrito de antemano sin que nadie lo sepa. Ni tan siquiera los protagonistas. Sorprende recordar aquí y ahora una fecha: el 9 de junio de 1961. Ese era el día que el rey Olaf de Noruega, padre de Harald, había elegido para anunciar la boda de su hijo con la princesa Sofía de Grecia. ¿Qué tenía esa fecha de importancia?, preguntará el lector. Es muy sencillo. Tanto el heredero noruego como la hija de los reyes de Grecia habían sido invitados a la boda del duque de Kent, en Londres, que se celebraba el día anterior, el 8 de junio. Qué lejos estaba nadie, incluidas las dos familias, de sospechar que esa boda del primo de la reina Isabel de Inglaterra marcaría la vida no de Sofía y Harald sino de Sofía y Juan Carlos. Difícil de entender, ¿verdad? Sigan leyendo y se enterarán.

Pero ¿por qué mentía la reina? ¿Por qué no reconoció

5. Françoise Laot, *Juan Carlos y Sofía*, Espasa Calpe, Madrid, 1988.

nunca que, como muchas jóvenes, entre ellas Letizia, tuvo un amor fracasado? ¿Por qué no reconocer que la dejaron cuando iba a anunciarse el compromiso? Entiendo que no le guste recordar aquel fracaso de su vida. Pero tiene que reconocer, aunque sea doloroso, que con los hombres no ha tenido mucha suerte. Me gustaría hacerle una petición: que no vuelva a decir que Juan Carlos fue el único hombre de su vida. Aunque me repita: él no se lo merece.

Doña Sofía percibió la mezquindad de la negativa de Harald para casarse con ella y, como mujer dulce y equilibrada que era, prefirió olvidar y vivir sin precipitarse.

UN NOVIAZGO
ATROPELLADO

Dos corazones heridos

Al mismo tiempo que la princesa Sofía sufría la amargura de un amor no correspondido, sobre todo cuando todo parecía, al menos por su parte, a punto de convertirse en feliz realidad, el príncipe Juan Carlos, casi con la misma edad que ella, también experimentaba, si no el desamor, sí la imposibilidad de casarse con la mujer que amaba desde niño.

Se trataba de la princesa Maria Gabriella, la joven con la que, al igual que Sofía con Harald, pudo haberse casado si los hoy reyes eméritos de España no hubieran ignorado que el corazón tiene cárceles que la inteligencia no abre, y que, como decía Cocteau: «La juventud sabe lo que no quiere antes de saber lo que quiere».

Como parte de la razón de este libro es reflejar el sufrimiento de doña Sofía en todas las facetas de su vida y solo los hechos que la convirtieron en sufridora por excelencia, no vamos a profundizar en la historia del noviazgo de don Juan

Carlos con la princesa italiana, hija del que había sido el rey Humberto de Italia. No obstante sí diremos que aquel encuentro en Londres fue el de dos corazones rotos, heridos sentimentalmente, por amores imposibles.

El de Juanito, a diferencia del de Sofía, era tan grande, tan fuerte y tan perfecto que olvidaba su contento por contentar a quien amaba, que diría santa Teresa de Jesús. Se trataba de un noviazgo, digamos que natural. Los padres respectivos, el de Maria Gabriella y el conde de Barcelona, vivían exiliados en las localidades vecinas portuguesas de Estoril y Cascais. Los hijos de ambos eran íntimos amigos desde la infancia y los dos eran altos, rubios, de ojos azules y católicos. Y, lo que son las cosas de la vida: Juanito y Maria Gabriella habían coincidido varias veces con Sofía: en julio de 1960, en la boda de la princesa Diana de Francia con el heredero del ducado de Wurtemberg. Antes también habían coincidido en otra boda, en 1958, y por tercera vez en los Juegos Olímpicos de Roma, en 1960. Todos estos encuentros eran normales, ya que a estas bodas siempre asistían los mismos invitados, la mayoría parientes, dado el carácter endogámico que caracterizaba entonces a las familias reales.

Sin embargo, estos encuentros no pasaron nunca de ser ocasionales y no afectaban al profundo amor de Juanito e Isa, como él la llamaba. Solo existía el uno para la felicidad del otro, hasta el extremo de que la fotografía de la princesa de Saboya estaba en la mesilla de noche del joven cadete en las academias militares generales de Zaragoza y de Marín.

El príncipe ignoraba que al general Franco, de quien dependía su futuro «profesional» en España, no le gustaba Maria Gabriella, y así se lo confesó a su primo y jefe de su casa militar, Franco Salgado-Araujo. Para el dictador era una joven excesivamente libre, con ideas demasiado modernas. Algo que era cierto.

El principio del fin tuvo lugar cuando el director de la Academia Militar de Zaragoza, a sugerencia del duque de la Torre, preceptor del príncipe impuesto por Franco, pidió a don Juan Carlos que retirara la fotografía de Maria Gabriella de la mesilla de noche. «El general Franco podría disgustarse en caso de venir a hacer una visita a la academia.» Se trataba de una intromisión en la vida privada, íntima del cadete, un atropello a su libertad y a sus sentimientos. El duque de la Torre ordenó a Juan Carlos que debía dejar incluso de telefonear a la princesa. La periodista Françoise Laot, escribe: «Juanito no tiene intención de desobedecer y se somete sin rechistar y sin rebelarse».

Las cartas de amor del rey

Esta cruel renuncia fue uno de los grandes sacrificios que don Juan Carlos tuvo que hacer en su vida, como se demuestra en algunas de las cartas de amor que le escribió a la condesa italiana Olghina de Robilant, cuando era cadete y con quien andaba ennoviado al mismo tiempo que con la princesa Maria Gabriella. Aunque, como leeremos en los fragmentos de las cartas que reproducimos, Juanito renunció a esta relación por el amor a la princesa italiana, la amistad se mantuvo hasta la misma víspera de la petición de mano a la princesa Sofía.

Según cuenta Olghina en su desvergonzado libro *Reina de corazones*,[6] don Juan Carlos, de paso hacia Ginebra, donde el día 13 de septiembre de 1961 tendría lugar la petición de mano, hace noche, el 11 de septiembre, en Roma donde, de forma casual o por haberlo acordado previamente, se encuentra con la condesa. Después de bailar hasta la madrugada en un local de Via Veneto, entonces muy de moda, la pareja «arrebatada de pasión», toma un taxi y se dirige a la pensión Pasiello, un lugar «horrible» que la imaginación convierte en un «jardín de La Alhambra».

---

6. Olghina de Robilant, *Reina de corazones*, Grijalbo, Barcelona, 1993.

La mañana del día 12, don Juan Carlos le cuenta que se ha prometido con la princesa Sofía de Grecia y le enseña el anillo de pedida que le ha comprado. «Esta anécdota, de fuerte contenido sexual, no dice mucho a favor de los sentimientos de Juan Carlos hacia Sofía [...]. Por eso y por todo lo que ha sucedido, la historia de los reyes eméritos no ha sido la historia de un gran amor ni tan siquiera una historia de amor. Al menos, por parte de él no lo fue», escribía yo en *Retrato de un matrimonio*.[7]

Esta dama me ofreció la correspondencia amorosa por una fuerte cantidad de dinero cuando yo dirigía *La Revista* del grupo Zeta, después de mi salida de *Hola*. Los motivos de vender estas cartas no eran otros que económicos, como ella misma me confesó cuando se lo pregunté. Para ello, viajó directamente desde Roma, donde reside y, en mi despacho de la calle Serrano de Madrid, se redactó el contrato de la venta en los siguientes términos:

> Los abajo firmantes, Jaime Peñafiel, en calidad de director de *La Revista*, y Olga de Robilant, en nombre propio, ambos mayores de edad, residentes respectivamente en Madrid y Roma, establecen los siguientes acuerdos:
>
> 1.º La señora Olga de Robilant cede la propiedad material y el *copyright* en exclusiva mundial de 19 cartas (57 cuartillas) manuscritas de don Juan Carlos de Borbón dirigidas a ella.
>
> 2.º Por dicha cesión, la señora Olga de Robilant recibe un importe x que se le hace efectivo.
>
> 3.º En el momento de la cesión de los aludidos manuscritos, la señora Olga de Robilant declara que no existen otras cartas de Juan Carlos de Borbón dirigidas a ella, por lo que debe entenderse que ha cedido la totalidad de la correspondencia.

---

7. Jaime Peñafiel, *Retrato de un matrimonio*, La Esfera de Los Libros, Madrid, 2008.

4.º Jaime Peñafiel, en el momento de firmar estos acuerdos, declara reservar para sí cualquier decisión sobre la publicación de algún escrito o escritos relacionados con dicha correspondencia.

Madrid, 8 de enero de 1986
Firman: Olga de Robilant y Jaime Peñafiel

Entre todas estas cartas, hay párrafos que demuestran que el gran amor de don Juan Carlos fue Maria Gabriella, hasta el extremo de sacrificar a Olghina, a la que confiesa:

> Si quieres que te descubra mi corazón, te quiero más que a nadie ahora mismo, pero comprendo, y además es mi obligación, que no puedo casarme contigo y por eso tengo que pensar en otra. La única que he visto por el momento que me atrae, física y moralmente, por todo, muchísimo, es Gabriella. Espero o mejor dicho creo prudente, por ahora, no hablarle de nada en serio o darle a entender algo y que lo sepa.

La ruptura con la princesa italiana le marcó de por vida. Es conveniente volver a recordar lo que le dijo a la periodista francesa mencionada antes: «Habría podido, es verdad, casarme con Maria Gabriella».

Pienso que, en el fondo, lo que quiso decir es «habría debido». Pero como su futuro dependía de quien tenía a su padre en el exilio y a él en un puño, se sacrificó y rompió para siempre con el amor de su vida. Me consta que, ya casado, se vio con ella, sobre todo en cacerías. Hay una fotografía en la que aparece Maria Gabriella, testigo de la ceremonia religiosa tras la coronación de don Juan Carlos. Las miradas de ambos son elocuentemente expresivas de los sentimientos que les embargaban en esos momentos. También sorprende que fuera deseo de don Juan Carlos que Maria Gabriella, la mujer que tanto había amado y

Curiosísima fotografía de la princesa Maria Gabriella de Saboya, la primera de izquierda a derecha, en la misa de Coronación del hombre a quien había amado siempre: don Juan Carlos.

con quien, a lo mejor, debía haberse casado, fuera testigo de aquel trascendental momento de su vida.

A príncipe y a princesa muertos

Todo este drama sentimental coincide con el de la princesa Sofía. Y lo que son las cosas de la vida, esos días, ambos reciben, cada uno por su lado, la invitación para asistir a la boda del duque de Kent con lady Catherine Westley, fijada, como ya hemos referido, para el 8 de junio de ese fatídico año de 1961. También el príncipe Harald estaba invitado. Y, allí en Londres, en el hotel Savoy, reservado por la Casa Real británica para sus invitados, coinciden estos dos corazones heridos que aún no se han repuesto de sus respectivos fracasos sentimentales, además del heredero noruego.

La propia reina Federica, que no ha escarmentado con su fracaso como celestina, vuelve por sus fueros y, en sus *Memorias* recuerda este segundo *round* en la vida sentimental de Sofía: [8]

> Sofía y Tino fueron a Inglaterra para asistir a la boda del duque de Kent. Tino nos telefoneó desde Londres y nos dijo que estuviésemos preparados para una gran sorpresa. Al parecer, el príncipe Juan Carlos de Borbón se mostraba muy asiduo con Sofía, lo que no desagradaba a nuestra hija. A Palo y a mí nos encantó la noticia porque Juanito, como le llamábamos familiarmente, es muy guapo y apuesto. Tiene el pelo rizado, cosa que le molesta pero que a las señoras mayores, como yo, nos gusta mucho. Tiene los ojos negros (yo diría que más bien azules), las pestañas largas. Es alto, atlético y cambia, de vez en cuando y como quiere, su encanto personal. Pero, lo más importante, es que es inteligente, tiene ideas modernas y es amable y simpático. Está muy orgulloso de ser español, pero posee la suficiente comprensión e inteligencia para perdonar con facilidad las ofensas y errores de los demás.
>
> Pero nos preocupaba porque siendo católico, sabíamos que antes de que se casara habría tremendas discusiones sobre esta cuestión.

La «celestina real» puso inmediatamente en marcha su sistema para que aquel encuentro ocasional y aquella positiva impresión que, según su hijo Constantino, a Sofía le había producido el encuentro con Juanito, fructificara. No podía perder la oportunidad. No hay que olvidar que la vida es breve y la ocasión huidiza, el experimento peligroso y el resultado difícil. No obstante en el amor, la ocasión no espera. Y vive Dios que ni esperó ni lo dudó. Aunque el cardenal Richelieu decía

8. Federica de Hannover, *op. cit.*

que el disimulo es el arte de los reyes, la reina Federica no dudó incluso de la duda. Ni la disimuló. Sabía que si dudaba de lo que su hijo le informaba, estaba vencida de antemano. Y puso en práctica su estratégico y celestinesco plan. Aunque ya lo había utilizado, sin éxito, cuando intentaba «cazar» al príncipe Harald, no se rindió. En esta ocasión, no solo invitó a Juanito a Corfú, un lugar ideal para enamorarse, también a sus padres, los condes de Barcelona, que «pasaron el verano en nuestra residencia... Palo y yo nos echábamos muchas veces las manos a la cabeza durante aquellos días preguntándonos qué pasaría».

Todo en once meses

La ilusión de Sofía era tal que, por una vez y solo en esta ocasión, no le importó hablar de sus sentimientos y reconoció que «en la boda del duque de Kent, el protocolo hizo bien las cosas, asignándome a Juanito como caballero acompañante». Hoy, por desgracia, no pensará igual porque, de aquella boda real, no es que surgiera otra boda, como suele suceder, sino que también fue el principio y el final de tantas cosas en la vida de don Juan Carlos y de doña Sofía. Pero sobre todo en la de ella, el principio de sus sufrimientos y el final de una ilusión.

Como se ha escrito, los dos príncipes se hospedaban, como todos los invitados reales, en el lujoso hotel Savoy de Londres. También Harald, que compartió mesa durante la ceremonia de la boda con Sofía, Juan Carlos y Constantino. Hay una prueba gráfica. Vaya situación tan embarazosa para el heredero noruego. Posiblemente, también para Sofía.

Según Tino, el hermano de Sofía y «chivato» del presunto interés de Juanito por ella, la pareja no solo tomaba el té en el hotel sino que daba largos paseos por Londres. La pregunta es obligada: ¿de qué hablaban? Porque la comunicación era difícil, por no decir imposible. Ni Juan Carlos hablaba griego, ni Sofía español. Aunque ella se expresaba bien en inglés y en alemán, él no hablaba ni en un idioma ni en el otro, solo en francés, del que Sofía no tenía ni idea. Esto no lo digo yo, lo ha reconocido el propio rey emérito. Doña Sofía, en la única entrevista concedida a una televisión, concretamente francesa, al alimón con Juan Carlos, en un momento dado, le reprocha que nunca le dijo: «Te quiero». Ante esto, uno no puede por menos que preguntarse: ¿La quiso alguna vez? No quiero con ello decir que el matrimonio fuera un arreglo, aunque el mérito, sin duda alguna, fue de la reina Federica.

También sorprende que entre «conocerse» el 8 de junio de 1961, ennoviarse, anunciar la petición de mano el 12 de septiembre de ese mismo año y la boda el 14 de mayo de 1962, solo hayan transcurrido once meses, muy poco tiempo para no haber sido ni un flechazo, ni un amor a primera vista, ni un arreglo entre familias, ni una boda de Estado. Simple y sencillamente la mancha de la mora con otra verde se quita.

¿Que a «príncipe muerto» otro en su puesto? Lo único cierto es que doña Sofía se enamoró de Juanito, tanto que no fue solo su perdición sino el principio de una cadena de sufrimiento que ha arruinado su vida como mujer, sin que nunca se le haya oído una queja, un lamento, una crítica. A lo más, y en una sola ocasión, lo único que dijo refiriéndose al distanciamiento de su marido fue: «El rey se las apaña muy bien solo».

«¡Sofi…, cógelo!»

Dicen que en la relación de las parejas la convivencia con lo primero que acaba es con la pasión, que tiene siempre fecha de caducidad. Luego con el amor, que, al convivir, no solo se convierte en monotonía, sino que vulgariza las relaciones; pero siempre quedará el cariño, difícil si no existe una buena convivencia, y también la amistad, más difícil aún. Doña Sofía no supo entonces que se casaba con un Borbón, genéticamente hablando.

En Vieille Fontaine, donde la última reina de España, Victoria Eugenia, inmediata antecesora de doña Sofía, vivía su exilio dorado, tuvo lugar la petición de mano. Con tal motivo, allí se reunieron los familiares reales respectivos: los de España y los de Grecia. Don Juan Carlos llegaría el último. Procedía de Roma, donde había hecho escala la noche anterior proveniente de Lisboa. Aquella noche se reencontró con una antigua novia, de la que ya hemos hablado, Olghina de Robilant, junto a quien no solo estuvo bailando en una *boîte*, como se denominaba entonces a las discotecas, situada en la famosa Via Veneto de la capital italiana, sino que hubo mucho más. Según cuenta la dama, la que me vendió las cartas de amor, don Juan Carlos quiso pasar con ella la noche en su casa. Olghina le explicó que era imposible porque estaba su hija. Ante este contratiempo decidieron acudir a una modesta pensión «con la colcha floreada de cretona». En un momento dado, el entonces príncipe le mostró el anillo de pedida que al día siguiente iba a entregarle a su prometida. Cuando la ex novia Olghina se disponía a probárselo, se le cayó de las manos y se extravió entre la florida colcha. Pasaron el resto de la noche buscándolo. Este fue el anillo que, según cuenta doña Sofía, don Juan Carlos, de aquella forma tan poco romántica, le lanzó de un extremo a otro de la mesa en la que todos compartían la cena gritándole: «¡Sofi..., cógelo!». ¡Qué lejos estaba ella de saber que este anillo había estado, la noche anterior, en la mano de una ex novia, o lo que fuera, de don Juan Carlos!

Recuerdo perfectamente lo que me dijo la reina Victoria Eugenia, en la entrevista que me concedió en su residencia suiza de Lausana, semanas antes de morir, con respecto a los

Borbones, que tanto la habían hecho sufrir. «Todos se casan enamorados, pero inmediatamente se convierten en maridos infieles.» Bien lo sabía ella. Y bien lo sabría doña Sofía con el paso del tiempo. Pero volvamos a la boda en la que no todo fueron alegrías, sino que algunos problemas a punto estuvieron de amargarle el que tenía que ser «el día más feliz de su vida».

LA BODA Y EL PRINCIPESCO MATRIMONIO

Problemas políticos, religiosos y económicos

Organizar la boda de la princesa Sofía no fue fácil. Gracias a su madre, la reina Federica, pudo casarse con el príncipe Juan Carlos sin ser consciente de todos los problemas políticos, religiosos y económicos que hubo que superar. Incluso a punto se estuvo de retrasar la ceremonia por culpa de una caída del novio al resbalarse en el palacio al regreso del cine y lesionarse el brazo derecho. Por suerte don Juan Carlos pudo casarse en la fecha prevista, aunque soportando fuertes dolores. Hasta el mismo día de la boda compareció en todos los actos programados con el brazo en cabestrillo. Este accidente-incidente era una anécdota comparado con los graves problemas políticos, religiosos y económicos que se intentaban solucionar.

La Casa Real helena nunca se llevó bien con los sucesivos gobiernos, posiblemente por culpa, no del rey Pablo, un buen hombre, sino de la reina Federica, a quien siempre se le acusó no solo de manejar a su esposo sino de intentar «gobernar» por encima del Gobierno. No hay que olvidar que a Federica le apasionaba la política. Eso la perdió. A doña Sofía también, y así se lo reconoció a Pilar Urbano en el libro *La reina muy de cerca*: «¿Que mi madre era muy política? ¡Pues igual que yo! A mí me encanta la política. No solo en Grecia, sino a nivel internacional había muy mala opinión sobre mi madre. Decían que le gustaba la intriga, que manejaba los hilos por detrás. No es cierto».[9]

Se equivoca no queriendo reconocer la realidad, que se puso de manifiesto el día de la proclamación de don Juan Carlos como rey, el 22 de noviembre de 1975, un día tan importante de su vida. Nada le hubiera gustado más que ver a su queridísima hija convertirse en reina cuando ella ya no lo era, y se le impidió estar para que no empezara a hablarse de su influencia sobre el yerno con la misma crueldad con que dijeron que había influenciado a su hijo, el rey Constantino, lo cual es cierto. Pero esa es otra dolorosa historia de la que nos ocuparemos en otro momento. Todo eso hizo sufrir terriblemente a doña Sofía.

Enemigos de Federica fueron todos los Papandreu y Karamanlís, dinastías que se alternaron en la presidencia del país a lo largo de muchísimos años. Por ello, no era de extrañar que aprovechara la boda para poner su grano de discordia y hacerse notar. Incluso los leales de la oposición, Georgios Papandreu y Stefanos Stefanopoulos se negaron a aceptar la invitación y predicaron la abstención entre todos sus partidarios, al igual que Georgios Venizelos. A pesar de los intentos de Federica, sobre todo para ocultar a su hija la situación, hasta el último momento temió no solo que sus esfuerzos no se vieran compensados, sino que se organizaran manifestaciones hostiles durante la celebración de la ceremonia.

9. Pilar Urbano, *La reina muy de cerca*, Planeta, Barcelona, 2008.

El segundo problema fue el religioso. Nada menos que el jefe de la Iglesia ortodoxa griega, Teóclito, llegó a exigir a la reina Federica que la ceremonia se celebrara solo por el rito ortodoxo. «Después de algunas conversaciones terriblemente difíciles con alguna persona de la corte, más papistas que el Papa, envié al Vaticano al doctor Pesmazoglou, el más brillante de los abogados griegos especialista en derecho canónico», cuenta Federica. Con anterioridad a esta delicada gestión, el 15 de enero de 1962, el papa Juan XXIII había recibido, en una audiencia especial, al conde de Barcelona y a su hijo el príncipe Juan Carlos. Tras estas dos reuniones, el Vaticano concedió una dispensa canónica que autorizaba la doble ceremonia católica y ortodoxa. Para muchos griegos la hija del rey Pablo no podía casarse en Atenas como católica, todo lo más como catecúmena. Exigían que su princesa se casara como ortodoxa, sin convertirse previamente al catolicismo, como había hecho la reina Victoria Eugenia, que era protestante. Al igual que en la España franquista —católica, apostólica y romana—, se intentó ignorar el matrimonio ortodoxo.

Por si todo esto no fuera suficiente, la princesa Alicia, hermana del rey Pablo, madre del príncipe Felipe de Edimburgo, esposo de la reina Isabel de Inglaterra, y tía de doña Sofía, se puso del lado del patriarca Teóclito. Era lógico. Hacía tiempo que había abandonado «el mundanal ruido de la corte griega para ingresar en el monasterio de Tinos, del que era superiora».

Según la reina Federica, la ceremonia ortodoxa no gustó ni al general Franco ni a los consejeros de don Juan, conde de Barcelona. Alegaban que una cosa era que el Vaticano autorizara un matrimonio mixto y otra muy distinta el aspecto y las consecuencias políticas que pudieran derivarse, cuestiones que a ellos les preocupaban y a Franco le disgustaban. Además, se había garantizado que la boda tendría lugar después de la conversión al catolicismo de Sofía. Así se recogía en el boletín del Consejo Privado del conde de Barcelona, fechado en diciembre de 1961. Según su presidente, José María Pemán, la reina Federica le dio toda clase de seguridades, cuando la visitó en Estoril, donde se encontraba pasando unos días con sus futuros consuegros, sobre la intención de su hija de convertirse previamente al catolicismo antes de la boda.

Este asunto, así como el desaire que Franco había sufrido al no ser informado del compromiso oficial antes de hacerse público en Lausana, agravó la ya tensa relación entre el jefe de la Casa Real y el dictador. La siguiente conversación está extraída de *La larga marcha hacia la monarquía*, de Laureano López Rodó: «Señor, soy embajador de Franco, no solamente ante el Gobierno portugués, sino principalmente ante vuestra majestad. ¿Qué hay de ese compromiso matrimonial?»

Esta imagen de la boda ortodoxa de don Juan Carlos y doña Sofía fue objeto de censura por el Ministerio de Información y Turismo del General Franco.

«Nada embajador. Nada de nada. Todo lo que se diga es pura fantasía.»[10]

A causa de todo esto en España no solamente se impuso una férrea censura sobre la foto de la ceremonia ortodoxa y de todas aquellas en las que aparecía el conde de Barcelona, sino también del viaje de los novios alrededor del mundo. Lo más curioso y ofensivo es que los miembros del consejo de don Juan calificaban a doña Sofía de hereje. «¿Yo una hereje? —se preguntaba la princesa—. Nadie ha sido capaz de decirme cuál era mi herejía.»

El tercer problema fue el económico. Si el matrimonio con Harald de Noruega fracasó por una razón tan sórdida y tan miserable como la dote, en el caso de la boda con don Juan Carlos la misma cuestión también estuvo a punto de arruinarla. El rey Pablo pidió al parlamento un aumento de la dote para su hija. El Parlamento se hizo de rogar y, al final, aprobó con la oposición de los socialistas de Papandreu, la concesión de nueve millones de dracmas, equivalentes a cuarenta millones de francos antiguos, trescientos mil dólares o diecinueve millones de pesetas de la época. Era mucho más de lo que se había decidido conceder en el caso de que Sofía se hubiese casado con el príncipe Harald. No les pareció suficiente a los noruegos, aunque los motivos, como hemos explicado ya, fueron otros. De todas formas, la dote para la princesa Sofía, con motivo de su matrimonio con el príncipe Juan Carlos, se concedió en medio de las protestas de los estudiantes, inmersos en una campaña para conseguir más presupuestos en la educación. Este tema fue uno de los más humillantes para doña Sofía. Cuando lo evoca, lo hace con cierta amargura. Conocer que no solo se le había puesto precio, sino que su padre tuvo que pelear para que se le

10. Laureano López Rodó, *La larga marcha hacia la monarquía*, Noguer, Barcelona, 1977.

valorara un poco más, no es agradable y produce un profundo sufrimiento.

«¡El chico de los Barcelona!»

Si estos tres problemas pudieron amargar y ensombrecer el día más feliz de nuestra protagonista, algunos incluso impedir la boda, gracias al ingenio y al valor del que estaba indudablemente dotada la reina Federica, esta no solo consiguió que los jóvenes prometidos no se enteraran de los momentos más delicados y graves sino que pudieran casarse felices y confiados.

También hubo otros problemas de tipo personal que hicieron sufrir, y mucho, a Sofía. Me refiero a la relación entre Juanito y su suegra. Lo cuenta el propio don Juan Carlos: «Aunque nos llevábamos muy bien, tuvimos nuestras agarradas. ¡Ya lo creo! De vez en cuando, nos cantábamos las cuarenta. Ella a mí y yo a ella. Le decía las cosas muy claras». Lo que más le dolía y humillaba también a Sofía es que cuando la reina Federica se refería a su futuro yerno, siempre lo hacía despectivamente como «el chico de los Barcelona». El propio rey también lo ha reconocido: «Un día que se subió a la parra (no entra en detalles) se me hincharon las narices y le dije: "Aunque mis padres no estén reinando, soy nieto de reyes y con bastantes expectativas de llegar a ser rey de España". Le dije que yo no era un don nadie».

Cierto es que Sofía se casaba con el príncipe de una monarquía inexistente, hijo de un hombre que, habiendo sido heredero de un rey reinante, como Alfonso XIII, nunca llegaría a ser rey porque el general Franco lo impidió, no solo teniéndole en el exilio, sino obligando a que su hijo Juan Carlos lo traicionara aceptando ser, no heredero de su padre, sino su propio heredero.

La censura franquista prohibió todas aquellas fotografías en la que aparecía el conde de Barcelona. Aquí con la reina Federica, madre de la novia.

En aquella época, Juan Carlos se encontraba en expectación de destino, un destino que dependía de la voluntad de un general, de un dictador que todavía viviría trece años, trece años que convirtieron a la muy amadísima hija de Federica en una sufridora princesa. No solo por culpa de su marido, sino del Gobierno del general Franco y del pueblo español. Más adelante veremos de quién recibió la primera humillación.

A base de tranquilizantes

Me imagino que Sofía, a pesar de todo lo que ha sucedido en todos los años de matrimonio, se casó enamorada. Pero se encontraba tan enmadrada que la separación de sus padres le produjo los primeros sufrimientos.

Lo recordaba así Federica en sus *Memorias*: [11]

> Por primera vez en nuestra vida, el día de la boda toda la familia tomó tranquilizantes, pues no queríamos entristecernos en aquel día tan feliz. Pero Sofía nos dejaba. No podíamos alejar de nuestra mente este pensamiento y no tuvimos más remedio que hacerlo de un modo violento y temo que nada filosófico[...]. Cuando llegó el momento de la despedida, el efecto de los calmantes había pasado y el resultado fue, para todos, incluida Sofía, el que puede suponerse.
>
> [...]
>
> Al cabo de unos días cometimos una terrible insensatez. Los recién casados quisieron que fuésemos a verlos, antes de emprender su viaje de luna de miel en España y luego alrededor del mundo. Sabía que era un error, pero lo hicimos.
>
> Visitamos a Sofía y a Juanito en la bellísima isla de Niarchos, puesta amablemente por el Gobierno a su disposición.

11. Federica de Hannover, *op. cit.*

Fuimos muy felices compartiendo algún tiempo su dicha pero, al tener que separarnos, todos lloramos literalmente durante tres horas, incluso Juanito, que quiere mucho a su mujer y no puede verla llorar. (Más adelante dedicaremos un capítulo a las lágrimas de doña Sofía.)

Sabemos lo que es bueno o malo para nuestros hijos, pero así y todo cometemos errores y sufrimos mucho cuando nos dejan.

Doña Sofía quiso siempre tanto a su madre que, en cierta ocasión, siendo muy niña, le enseñaron dos fotos de ella. Al preguntarle cuál prefería, señaló aquella en la que la reina Federica aparecía de frente: «Quiero esta porque aquí mamá mira a Sofi».

Desgraciadamente su última mirada no pudo ser para su hija aunque, ¡oh, trágica ironía!, la muerte le sorprendió en Madrid, durante una de sus visitas. Esta es una de las más terribles historias que convirtieron a nuestra protagonista en la mayor sufridora de todas las reinas y princesas.

La primera humillación en España

Todas las familias reales se conocen entre sí y saben de qué pie cojea cada una y cada uno de sus miembros. Por ello, doña Sofía supo, desde el primer momento, con quién se casaba y a quién unía su vida de princesa real, hija de reyes y nieta de emperadores y hasta de zares, aunque tenía que aceptar, le dolieran o no, las crueles y despectivas palabras de su madre: «Tan solo es el chico de los Barcelona». Y además sin reino, sin trono y sin fortuna. Juanito intentaba hacerle creer que en España el general Franco y su Gobierno le admiraban y le respetaban, al menos como nieto del último rey de España, Alfonso XIII, a quien el generalísimo —se confesaba monárquico—, honraba todos los años con un funeral de Estado, el día del aniversario de su muerte en el exilio, en Roma.

Esta fecha coincidió con el regreso de los príncipes de su viaje de novios alrededor del mundo para fijar su residencia en el palacete de la Zarzuela, un antiguo pabellón de caza en los montes de El Pardo y que Franco había acondicionado para ellos. Fue deseo del Caudillo que el príncipe y su esposa asistieran al funeral por su abuelo en el monasterio de El Escorial, presidido por él como jefe del Estado y con asistencia de todo su Gobierno y cuerpo diplomático. Iba a suponer la presentación al pueblo español del principesco matrimonio. Eso creían ellos. También supuso la primera humillación, la primera afrenta, el primer desaire para doña Sofía. No por parte del pueblo español, que no la conocía, ni de la prensa, sino de quienes regían, entonces, los destinos del país, de quienes, como Franco, les habían traído «obligados» a fijar la residencia en España.

Ese día, doña Sofía se dio cuenta de que se había casado, no con un príncipe, que lo era, sino con el hijo de los Barcelona, que también lo era. ¿Sobre todo para Franco? Por lo que sucedió, parecía que sí. Sin embargo, como iba a ser la primera oportunidad de que los españoles la conocieran, decidió hacerlo vistiendo sus mejores galas: traje negro largo, mantilla y peineta, que la duquesa de Alba, por consejo de la reina Victoria Eugenia, le había enseñado a llevar, junto con otras costumbres españolas, durante los días que permaneció con ella en Tatoi antes de la boda.

Sería la segunda vez que se la ponía. La primera había sido en la audiencia que Juan XXIII les concedió cuando le visitaron en el Vaticano en la primera etapa de su viaje de novios. A propósito de este encuentro, doña Sofía cuenta lo nerviosa que estaba por el protocolo que entonces se aplicaba a estas audiencias pontificias. Mientras esperaban a ser recibidos, en una sala contigua, se dedicó a ensayar con el príncipe las tres reverencias que tenía que hacer al Papa sin que la peineta se le cayera. En eso estaba cuando se abrió la puerta y apareció, de repente y sin previo aviso, su santidad el papa Juan XXIII, que sonrió ante una sonrojada y cohibida princesa.

Pues bien, ese día, el 28 de febrero de 1963 —una gran oportunidad para que los españoles la conocieran—, doña Sofía debió de preguntarse con quién se había casado realmente. Al parecer no con quien creía, porque al ver en la televisión única, en la tele de Franco, en la del Régimen, el reportaje del funeral que, por haber asistido el Generalísimo y todo su gobierno, tuvo una cobertura informativa de varios minutos, la pobre Sofía observó con estupor que no aparecían imágenes de ellos ni en ningún momento se les nombraba de pasada con el socorrido «y asistieron también...».

Manuel Fraga, superpoderosísimo ministro de Información y Censura, en sus memorias cuenta: «Me lo vino a decir el general Castañón, segundo jefe de la Casa Militar de Franco, que me habló del profundo disgusto del príncipe Juan Carlos. Se sintió humillado ante su propia esposa por no entender esta que, siendo un acto oficial en memoria del abuelo de su marido, cuya continuidad ellos representaban, se les eliminara de aquella forma tan humillante y despreciativa. ¿Y este va a ser el rey de España?»,[12] debió de preguntarse.

---

12. Manuel Fraga Iribarne, *Memoria breve de una vida pública,* Planeta, Barcelona, 1983.

DESEABAN UN VARÓN
Y LLEGÓ FELIPE

La angustia del tercer embarazo

Un mes de placer,
ocho meses de dolor,
tres meses de descanso
y en marcha otra vez.

Esta coplilla se cantaba en la época de la prolífica reina Victoria Eugenia, que en tan solo siete años, de 1907 a 1914, dio a luz a siete hijos (un varón nació muerto).

Doña Sofía, en cinco años solo tuvo tres hijos. ¿Por qué no tuvo más hijos si tanto le gustan los niños? Simple y sencillamente porque, como muchísimas madres, pensó que con tres ya estaba bien. Me lo confirmó en su día el ginecólogo que la asistió en los tres partos, el doctor Manuel María Mendizábal. El primer embarazo, el primer parto y el primer hijo nunca suelen ser un problema. Ni una desilusión. Bienvenido sea. Da igual que sea una niña o un varón, incluso en las familias reales.

En esta ocasión nació Elena, a quien de poco le valió ser la primogénita. En primer lugar, porque en España había una Ley Sálica que impedía a las mujeres ser reinas si del matrimonio nacía un varón, ley que en la Constitución de 1978 se transformó en un artículo de la Corona, dando preferencia al varón sobre la mujer. Se trata de la única constitución europea que discrimina a la mujer por serlo. Cierto es que hubo otros motivos para desplazarla que no vienen al caso. Al menos ahora, lo abordaremos quizá en otro momento.

Al poco tiempo, la princesa Sofía estaba de nuevo embarazada. El nacimiento de otra niña, Cristina, causó mucha decepción en la familia, sobre todo en don Juan Carlos, que exclamó disgustado: «¡Otra niña...!». De todas formas, doña Sofía, siempre positiva, se consolaba y consolaba a su marido, el príncipe, diciendo: «No hay que alarmarse. Solo hay que intentarlo otra vez».

El día que se supo el embarazo de la princesa, en el mes de abril de 1967, todos se sintieron muy felices. Pero la felicidad, a veces, dura muy poco, incluso en el matrimonio de los príncipes.

Posiblemente no es comparable la angustia de las veintidós semanas transcurridas hasta que doña Sofía supo que estaba de nuevo embarazada, de Cristina, con el sufrimiento durante los nueve meses del tercer embarazo, que produjo un agudo sentimiento de inquietud. Fue entonces cuando ella comenzó realmente a sufrir y a preguntarse: «¿Será niño o será... otra niña?». Don Juan Carlos intentaba animarla y animarse a sí mismo diciendo: «A la tercera tiene que ser».

Los príncipes deseaban un varón; Sofía para convertirse en la madre del futuro rey y, llegado el tiempo, en la reina madre que es hoy. Juan Carlos también quería un heredero por aquello del carácter dinástico de la institución. Por su parte, don Juan, el abuelo paterno, también deseaba un heredero varón. Para la abuela materna, Federica, el varón era un paso más, el más importante, para que su hija se convirtiera en reina de España, cuando ella ya no lo era de Grecia. Hasta Franco quería un varón. El motivo no se sabría hasta algo más tarde.

Como en aquella época no había posibilidad de un diagnóstico prenatal del sexo del feto, doña Sofía no conocía que en su vientre crecía latente, replegado, compacto, dormido, avanzando y esperando nacer, un niño, un varón, a quien debían de llegarle las náuseas y hasta los temores de que fuera otra niña. Esto solo lo sabría la madre cuando saliera de sus entrañas y traspasara el umbral de su cuerpo y fuera libre de contemplar que era un varón. Pero hasta entonces el niño solo podía moverse en sus entrañas dando pataditas. ¿Escuchando la pieza musical *La pasión según san Mateo* de Bach, la preferida de la princesa y que constantemente ponía cerca de su vientre? ¿Se daría cuenta cuando don Juan Carlos acercaba la oreja a la barriga de mamá para oír los latidos del corazón del bebé? Pienso que fue la época en la que más cariñoso estuvo con su esposa. No quería transmitirle la inquietud ante la incógnita de lo que pudiera venir. Era tal la ilusión, el deseo, el ansia por un varón que, a escondidas, doña Sofía comenzó a comprar ropita de color celeste, desechando el rosa, que empezaba a odiar. Ilusión es una fe desmesurada, como decía Balzac. Y hablar de ilusiones es admitir, a la vez, la existencia de una realidad no ilusoria.

Al doctor Mendizábal, el ilustre ginecólogo que había ayudado a venir al mundo a las infantas Elena y Cristina, lo único que le preocupaba era que el parto, en el momento en el que se produjera, fuera tan rápido y feliz como los dos anteriores.

Doña Sofía siempre ha sido una adelantada en muchas cosas. Ella fue la primera en la monarquía española en dar a luz en una clínica, como millones de españolas, en contra de la tradición.

A diferencia de la reina Victoria Eugenia, que parió con dolor, como ordena la Biblia, doña Sofía acudía dos veces por semana a la clínica del doctor Mendizábal, en el paseo de la Castellana, para someterse a sesiones de preparación psicofísica para el parto sin dolor. Un signo de modernidad y buen sentido.

En los peores momentos familiares

El día que nació Felipe mala estrella reinaría. No pudo hacerlo en el peor momento en la vida de doña Sofía. Si desde que supo que estaba embarazada vivió con la angustia de no saber lo que esperaba, ¿era otra niña o un varón?, los últimos meses fueron tan dramáticos que pusieron en peligro incluso el embarazo. La culpa la tuvieron los coroneles griegos, también el rey Constantino II e incluso la reina Federica.

«Fui acusada de ambicionar el poder político y de dominar a mi familia», afirmaría la veterana reina. Posiblemente llevaban razón. Hay que reconocer que, cuando era reina consorte, era ella y no el rey Pablo quien mantenía conversaciones y correspondencia con los líderes políticos. De eso ha dejado constancia en sus memorias, y no sorprende que muchos la culparan de la caída de Constantino II y del fin de la monarquía en Grecia. Posiblemente no olvidaban que Karamanlís se había marchado de Grecia enfadado con ella.

Otro ejemplo que demuestra lo poco que la querían es que fue obligada a abandonar Tatoi, donde residían los reyes, para vivir con su hija Irene en la casa de Psychico. En esta residencia celebraron, el 18 de abril de 1967, su cincuenta cumpleaños. Por ese motivo doña Sofía, con sus hijas Elena y Cristina, viajó a Atenas. Pero la situación estaba tan enrarecida, por no decir que era crítica, que, la madrugada del 22 de abril, los tanques del ejército rodearon la casa y un oficial le informó de que tres militares, los coroneles Pattakos, Makarezos y Papadopoulos se habían sublevado en nombre del monarca y de que «el rey estaba bien, lo hemos salvado». Al mismo tiempo, contaba doña Sofía, un capitán habló con su madre en tono seco y descortés, cortante y autoritario, para decirle: «Yo cumplo órdenes y de aquí no sale nadie».

Federica intentó hablar con su hijo, el rey Constantino, pero habían cortado la línea de teléfono. Querían apartarla de él. La consideraban mala consejera. Doña Sofía intentó volver a Atenas en los meses posteriores, pero el Gobierno de Franco no se lo permitió. Pienso que un rey o reina constitucional ha de respetar las reglas del juego, sin salirse jamás de su papel, sin meterse donde no debe, pues eso se paga, y muy caro. Federica y su hijo el rey Constantino lo pagaron muy caro. Los ciudadanos exigen a los reyes y a los príncipes ejemplaridad. ¿La perdieron la madre y el hijo? Posiblemente. En diciembre de ese año, él intentó derrocar a la junta militar, a la que en principio había apoyado pero que había mermado casi totalmente su autoridad real. Mas el intento no le salió. Los generales que lo apoyaban fueron detenidos por el Estado Mayor. Ya bien entrada la noche, el rey hizo un llamamiento al pueblo para que le prestase ayuda y exigió obediencia a las Fuerzas Armadas para que cumplieran su juramento de fidelidad a la Corona. Todo fue inútil. Radio Atenas anunció que el rey huía de ciudad en ciudad con su familia. De madrugada y ayudado por algunas personas leales, muy pocas, pudo abandonar el país. Lo cierto es que en el amanecer del 14 de diciembre él y toda su familia abandonaban Grecia en dirección a Roma con lo puesto. Las imágenes, recogidas por toda la prensa, en las que se ve al rey, todavía con uniforme militar de campaña, su esposa, la reina Ana María, su madre, la reina Federica, y su tía, la princesa Irene, llegando a Roma con el miedo aún reflejado en los rostros supusieron para nuestra protagonista, sin duda, uno de los peores y más duros golpes de su vida.

Pensó que ya estaba de parto

Ese terrible acontecimiento, que tan brutalmente golpeaba a las personas que ella más quería, le produjo un profundo dolor para el que no encontraba consuelo, sobre todo al no poder estar junto a ellos por múltiples razones. Aunque la princesa hizo un rápido viaje para llevarles ropa y alguna ayuda —don Juan Carlos le envió a su cuñado Constantino varios trajes, ya que tienen la misma talla—, no se le permitió quedarse junto a ellos. La razón no solo era el embarazo, también había motivos políticos. Franco no sentía ni mucha ni poca simpatía por el rey griego y, sobre todo, por la reina Federica. Quizá, sí por los militares que lo derrocaron. «Me lo estaba oliendo», fue el comentario del general cuando se enteró de la huida de la familia real.

Ignoro si doña Sofía llevaba bien las cuentas de su embarazo. Pero en la noche del 28 de enero creyó que había llegado la hora y pidió que la llevaran urgentemente a la clínica Nuestra Señora de Loreto, donde también había dado a luz a las infantas Elena y Cristina. Fueron ella, don Juan Carlos y la reina Federica, que había viajado desde Roma para estar con su hija en los momentos del parto. Una vez reconocida por el doctor Mendizábal, se le informó de que aún no había llegado la hora. El cuello del útero no estaba dilatado. Fue una falsa alarma. A pesar de eso doña Sofía prefirió pasar la noche en la habitación 605 de la clínica, donde todo estaba ya dispuesto. Y regresaron por la mañana a la Zarzuela a esperar.

Nació en veinte minutos

El 30 de enero de 1968 era un día muy frío en Madrid. La temperatura mínima era de 5 grados a las ocho de la mañana, hora en la que un coche se detenía a las puertas de la clínica de la avenida Reina Victoria. En él iban doña Sofía, ya con los síntomas de un parto inminente, don Juan Carlos, más nervioso que ella, y la reina Federica.

Las pocas personas que a esa hora, tan temprana y tan fría, se encontraban en el pequeño vestíbulo no reconocieron al grupo que llegaba. No tenía nada de extraño. Entonces no eran muy conocidos. El régimen no les permitía prodigarse. La imagen de don Juan Carlos, y mucho menos la de doña Sofía, apenas aparecía en la prensa, salvo en el *Hola*. En la televisión pública, jamás. Doña Sofía no había olvidado todavía la humillación sufrida en los funerales en memoria de Alfonso XIII en el monasterio de El Escorial.

Por eso, algunas personas que se encontraban en el vestíbulo de la clínica no sabían que aquella mujer embarazada era la princesa Sofía, el joven alto y rubio, el príncipe Juan Carlos y la señora mayor, con el pelo blanco, Federica de Grecia, madre de la joven parturienta y reina en el exilio desde hacía solo unos días, exactamente desde el 14 de diciembre de 1967.

La princesa hubiese querido ir directamente al paritorio. Cuando llegó a la clínica, el útero ya había comenzado a dilatarse. Durante los últimos días había comentado que para los partos ella era muy rápida. Elena y Cristina tardaron en nacer apenas veinte minutos. No había por qué preocuparse. A pesar de la inminencia del alumbramiento, la madre rechazó la camilla y acudió al paritorio por su propio pie, vestida no con un camisón sino con la chaqueta de un pijama de su marido. Como ya preveía, la expulsión duró veinte minutos. Y eso que se trataba de un niño muy hermoso.

A las 12.45 horas la comadrona apuntaba los primeros datos para la historia de ese niño de pelo rubio y ojos azules: 4,300 kg y 55 cm de estatura, hoy el rey Felipe VI de España.

RUPTURA FAMILIAR
DE LOS BORBONES

«¡Que se vaya a la mierda!»

Los primeros sufrimientos de doña Sofía no fueron sentimentales, debidos a las presuntas infidelidades y el desamor de su marido —eso vendría mucho más tarde—, sino familiares, y no por su parte sino por la de él: el enfrentamiento entre don Juan Carlos y su padre, entre el conde de Barcelona y quien, hasta ese momento, había sido su heredero como príncipe de Asturias.

Pero, cuando el 21 de julio de 1968 el general Franco designó a don Juan Carlos su sucesor con el título de príncipe de España, se armó la de Dios es Cristo y se produjo la mayor fractura familiar de la historia de los Borbones. El motivo no era para menos. Don Juan, como jefe de la casa y de la familia real española, se sintió traicionado nada menos que por su hijo, por el sucesor cuya formación había confiado, ingenuamente, al hombre que le mantenía en el exilio. Aceptar aquella decisión de Franco, una traición a la fuerza, pero una traición, se mire como se mire, colocó a doña Sofía en una de las situaciones más dramáticas de su vida y, dado que no podía hacer nada, le causó un profundo sufrimiento.

No sería la única vez. Años más tarde, otro enfrentamiento volvió a hacerla sufrir aún más, ya que se trataba del que estalló entre don Juan Carlos y su hijo Felipe por culpa de Letizia. Esa es otra historia que abordaremos en su momento.

La tensión entre el entonces príncipe Juan Carlos y su padre, por una traición forzosa, no se pudo evitar. Posiblemente fue uno de los mayores y más dolorosos sacrificios de don Juan Carlos, no por motivos de ambición personal, sino para salvar la institución cuyo futuro dependía de la voluntad del dictador. Ese dramático día, Franco no le dio tiempo a consultarlo con su padre, y ni siquiera a pensar antes de aceptarlo. «Tengo que anunciaros algo: el próximo día 22 de julio voy a nombraros mi sucesor a título de rey.»

Don Juan Carlos, aturdido, solo se atrevió a musitar: «Mi general, de todas formas debo poner a mi padre al corriente de sus intenciones». Franco, sin inmutarse, con aquel tono monocorde habitual en él le dijo: «Preferiría que no lo hiciera». Don Juan Carlos, que siempre ha sido bueno sin esfuerzo y que, a pesar de todas las tragedias y desgracias, siempre sintió un profundo respeto y un gran cariño por su padre, se atrevió, de nuevo, a decirle: «Mi general, yo no puedo mentir a mi padre y menos todavía ocultarle una noticia tan importante». El dictador fingió no oírle. Lo único que hizo, posiblemente molesto, fue preguntarle: «Entonces... ¿Qué decís, alteza?». Y le exigió la respuesta inmediatamente. En aquellos segundos tuvo tiempo de reflexionar, amén del terrible daño que iba a infligir a su padre, que lo importante era restaurar la monarquía en España en la línea de quien ostentaba todos los derechos históricos y dinásticos de la institución: el conde de Barcelona. Si se negaba, don Juan Carlos sabía que Franco tenía no uno, sino dos repuestos: Alfonso de Borbón Dampierre y Carlos Hugo de Borbón

Parma, quienes también conspiraban, a la sombra, para ser candidatos. «Los dos son católicos, mayores de edad y de familias reales», le había dicho a su primo Salgado-Araujo. Juan Carlos también sabía que el Caudillo, dueño de su futuro y del futuro de la monarquía, no iba a acudir nunca a su padre, por lo que la traición era obligada. «De acuerdo, mi general, acepto.» Franco se puso de pie, le estrechó la mano y dio por finalizada la entrevista.

La reacción de don Juan fue tremenda. ¡Tremenda! Cuando Juan Carlos telefoneó para hablar con él, se negó a ponerse y se limitó a decirle a doña María, otra sufridora esposa: «Dile que se vaya a la mierda». Desde ese día, padre e hijo no se volvieron a hablar durante muchos meses. En medio de aquella tragedia familiar hubo dos grandes sufridoras: doña Sofía, como esposa y nuera, y doña María, como esposa y madre.

Sufría por él y con él

Ilustres monárquicos, como Luis María Ansón, a los que lógicamente les debió de doler lo sucedido, se resistían a aceptar la dramática ruptura en la familia real española. Incluso llegaron a decir que don Juan había estado de acuerdo con la decisión de Franco y que, entre padre e hijo, las relaciones seguían siendo muy buenas. Lo cierto es que durante seis meses, no solamente no se dirigieron la palabra, sino que el conde de Barcelona incluso tensó las relaciones con su nuera, con doña Sofía, lo que le produjo a esta un profundo sufrimiento. La culpaba de haber sido una de las muñidoras de la decisión de Franco porque su ambición era ver a su marido en el trono. Algo así como Letizia con Felipe. ¿Verdad? ¿Mentira? No tengo pruebas sobre lo que don Juan decía. Lo único que puedo escribir es que doña Sofía se opuso a que el conde de Barcelona renunciara a sus derechos en favor de su hijo en el Palacio Real y con el mismo boato con los que don Juan Carlos renunció a los suyos recientemente. Es posible que, cansada de la polémica sobre esta renuncia, llegara a sugerir, según apunta el propio don Juan: «Que abdique por carta».

Fácil es suponer las tensiones que se produjeron cuando don Juan Carlos y doña Sofía, designados ya príncipes de España por Franco, viajaron a Estoril a pasar las navidades de aquel año. Era una situación muy embarazosa. Padre e hijo no solo no se hablaban, no se miraban. La princesa Irene reconoció que nunca había visto sufrir tanto a su cuñado. «Y mi hermana sufría por él y con él.»

Doña Sofía sufrió otra gran humillación en la boda de la infanta Margarita con el doctor Carlos Zurita, en Estoril. En esta ocasión fue por parte del conde de Barcelona. Era la primera vez que don Juan Carlos y su padre se veían tras su designación como heredero de Franco, a título de rey, que tanto «había herido y hecho sufrir al príncipe». Sofía se sentía feliz por este reencuentro público y familiar en el que la prensa buscaba la fotografía de padre e hijo juntos. Pero don Juan, que se encontraba exiliado en su casa de Estoril, no estaba por la labor. Había decidido no aparecer en ningún momento junto a don Juan Carlos. Para ello planificó que en el banquete de bodas colocaran, en la larga mesa presidencial, a su hijo en un extremo y a doña Sofía en el otro. Con ello quería demostrar que él seguía siendo el jefe de la familia real española, incluidos los príncipes de España, título que se inventó Franco, con toda malicia, en vez de mantener el de príncipe de Asturias, con el que hubiese reconocido que era hijo de rey, hijo de su padre. A don Juan Carlos se le pudo ver (yo estaba allí) profundamente disgustado y molesto, y a doña Sofía sufriendo por los dos. Como la condesa de Barcelona, por los tres.

Pero, de todas las humillaciones recibidas, ninguna le produjo tanto pesar como cuando a su madre, la reina Federica, se le prohibió estar presente en el palacio de las Cortes, en la ceremonia de proclamación como rey de don Juan Carlos y de su hija como reina. Fue el entonces presidente del Gobierno Carlos Arias Navarro, que tanto odiaba al príncipe Juan Carlos, quien no solo infligió una humillación gratuita a doña Sofía, sino también un profundo dolor que yo tuve ocasión de advertir aquella misma noche en una reunión privada en el palacio de la Zarzuela. Pero esa es otra historia.

La boda de la conspiración le amargó la vida

Muchos piensan que si el duque de Cádiz se hubiera casado con María del Carmen Martínez-Bordiú, la nietísima, antes de que Franco decidiera nombrar al príncipe Juan Carlos sucesor a título de rey, esta boda hubiera cambiado el curso de la historia española más reciente. De haber sucedido así, durante un tiempo, en España quizá los reyes se habrían llamado Alfonso y María del Carmen, protagonistas de una extraña boda que en su día le amargó la vida a la sufridora doña Sofía.

Sabía que al novio se le achacaban ocultos e interesados móviles para desbancar a su primo, el príncipe Juan Carlos, de la Corona de España, a través de la nieta del dictador. Y a Mari Carmen, el deseo de desbancar a la princesa Sofía para convertirse en reina de España casándose, como ella, con un nieto de Alfonso XIII.

Políticamente la boda pasaría a la historia como la de la conspiración. No hay que olvidar que el 23 de diciembre de 1971, cuando se anunció oficialmente el enlace, en el palacio de El Pardo, la incógnita de la sucesión del general Franco ya, por suerte, había sido despejada.

Aun así, esta boda volvió a poner de manifiesto la fragilidad de la sucesión dinástica a causa de las presiones de quienes creían que esta unión podía alterar la voluntad del viejo dictador

—minada ya por la edad— y cambiar la titularidad del que un día había de ser rey de España. Estas presiones tenían nombres y apellidos: además del propio Alfonso, el marqués de Villaverde, padre de la novia, y lo que era más peligroso, doña Carmen Polo, la generalísima, que odiaba a doña Sofía y deseaba que su nietísima ocupara el lugar. Se decía que doña Carmen debió de insistir por las noches a su marido para que cambiara la titularidad del sucesor, pero eso solo lo sabían ellos y el brazo incorrupto de santa Teresa, que presidía el dormitorio del Caudillo y señora. Le urgía tanto este matrimonio a la generalísima, al marqués y a Alfonso que, a los tres meses del «sí» de la niña, el 20 de diciembre, se anunciaba el compromiso; tres días después, el 23, tenía lugar la ceremonia de petición de mano, en la que se fijó la boda para el 8 de marzo de 1972. Nunca se había hecho tanto en tan poco tiempo. A todas estas ceremonias asistían, con el miedo en el cuerpo y la preocupación reflejada en el rostro, don Juan Carlos y doña Sofía, quien observaba horrorizada como todos los invitados le hacían la reverencia a la novia, empezando por su abuela doña Carmen, mientras que a ellos les hacían caso omiso.

En cierta ocasión, durante estos días de fiestas prematrimoniales, el marqués de Villaverde gritó a un camarero, en presencia de los príncipes de España: «Traiga un whisky para el príncipe». El buen hombre regresó con él y, cuando se disponía a ofrecérselo a don Juan Carlos, el marqués de Villaverde, Cristóbal, se lo impidió diciéndole con malos modos: «Es para el príncipe don Alfonso».

Lo que más indignó a don Juan Carlos y a doña Sofía es que en la participación de la boda se produjeron tres grandes «errores» que les afectaban directamente: el primero de ellos, que el infante don Jaime de Borbón, padre del novio, no era jefe de la Casa Real de Borbón —como se hacía constar—, que Alfonso, su hijo, no era alteza real ni príncipe, y tercero, tampoco duque de

Borbón. Tan solo excelentísimo señor por ser embajador de España en Estocolmo.

Fue tal la indignación de don Juan Carlos, que pidió con urgencia una audiencia con el Caudillo, en la que le manifestó que en España solo existía un príncipe: el de Asturias. Que mantener ese título en las participaciones de boda era cometer una ilegalidad. Fue la primera vez que el príncipe se enfadó abiertamente ante el dictador, quien le escuchó en silencio, pestañeando como hacía cuando algo le disgustaba. Después se supo que llegó a decir, en familia, que don Juan Carlos y doña Sofía querían quitarle el título porque Alfonso se casaba con su nieta.

El día de la boda, oficiada por el cardenal arzobispo de Madrid Vicente Enrique y Tarancón —el mismo que oficiaría la misa de la coronación el día que don Juan Carlos fue proclamado rey—, y a la que asistieron como invitados don Juan Carlos y doña Sofía, al regresar a la Zarzuela, el príncipe encontró a su esposa preparando una maleta. Ante la pregunta de su marido, respondió: «Es mejor que nos vayamos. Ya no tenemos nada que hacer aquí». Llevaba razón. María del Carmen no era todavía la reina. Era algo más. Era la nieta más amadísima del dictador, y quería ser reina.

Si bien la protesta de don Juan Carlos no le gustó al Caudillo, aunque no rectificó, ¡hasta ahí podríamos llegar!, tomó buena nota. Y como tenía todos los poderes en la mano y potestad para ello, el 20 de noviembre del año de la boda firmaba un decreto por el que se le concedía «a su alteza real don Alfonso de Borbón Dampierre, y a petición de su alteza real el príncipe Juan Carlos de Borbón y de Borbón, el título de duque de Cádiz, con el tratamiento de alteza real. Para él y sus descendientes». Lo sorprendente de este decreto es que don Juan Carlos no había pedido tal cosa para su primo.

¿Tuvo doña Sofía esos días motivos para sufrir? El pobre Alfonso, ya que no pudo ser rey de España, ni aun casándose con la nieta del dictador, intentó en sus últimos años ser pretendiente al trono de Francia, aspiración que mantuvo hasta el 30 de enero de 1989, día fatídico cuando murió decapitado sobre las pistas nevadas de Colorado.

En cuanto a Mari Carmen, se marchó más allá de los Pirineos para convertirse, ella, su alteza real, duquesa de Cádiz y princesa de Borbón, en amante primero y luego en esposa de un viejo anticuario que le doblaba la edad y al que abandonó por un *playboy* italiano. Más adelante dejaría a este por un chicarrón del norte y después a este por un chatarrero. No le importó intentar ser presentadora de televisión y hasta manifestaba que lo que realmente deseaba era ser «chica Almodóvar». Ella, precisamente ella, que había pretendido ser reina de España. O que al menos se dejó utilizar por su abuela y por su padre.

LAS «AMIGAS ENTRAÑABLES»

Presuntas infidelidades

En 2007, La Esfera de Los Libros publicaba un curioso y sorprendente libro titulado *El rey y yo*, firmado por Antonio L. Bouza,[13] antiguo compañero de don Juan Carlos en la Academia Militar de Zaragoza y, al parecer, un gran amigo: «Que me perdonen el protocolo, lo conozco como si lo hubiera parido», en el que se despachaba de lo lindo. ¿Traicionó la amistad de la que presumía? Pienso que después de la publicación del citado libro, esta se desvaneció.

Pero, gracias a Bouza, pudimos conocer las relaciones de don Juan Carlos con una «amiga entrañable», «dedicada a la decoración de apartamentos de lujo y grandes despachos», que había estado casada con un ingeniero muy conocido en Mallorca. Según Bouza, un día llegó al despacho visiblemente afectado. Cuando un compañero le preguntó qué le pasaba, esta fue

---

13. Antonio L. Bouza, *El rey y yo*, La Esfera de Los Libros, Madrid, 2007.

la respuesta: «Marta me está poniendo los cuernos». «Pégale dos hostias al tío», le animó el amigo. «No puedo. Se trata del rey», le respondió.

«Pese a su amistad con el rey, ella nunca hizo ostentación de ella, sintiéndose orgullosa de esa relación para sí misma y teniendo exquisito cuidado de no indisponer a don Juan Carlos con la reina». El autor y amigo desleal escribe, a propósito de este tipo de relación: «Le digo (al rey) que hay que ser lo más discreto posible. También por nuestras esposas, que están en una edad muy difícil y se deprimen mucho». ¡Increíble! ¡Lo nunca leído! ¡Pero qué cara tiene el tío! Se refiere, por supuesto, a Marta Gayá, a quien en el libro denomina en un poema «Marta, mirto».

En otra página, Antonio L. Bouza escribe: «Entrando ya en asuntos de privacidad absoluta para la que Su Majestad suele emplear conmigo la expresión "Manolo, de hermano a hermano..."», según él, don Juan Carlos le manifiesta «su preocupación por algunas amistades muy particulares, sobre todo una actriz española que había denunciado haber sido víctima de un presunto robo de cierto material que pudiera ser potencialmente comprometedor». Se estaba refiriendo, presuntamente, a Bárbara Rey. Aparentemente, don Juan Carlos le tranquilizó confesándole que «efectivamente tiene muy buenas amigas y que nunca riñe con ninguna mujer con la que haya tenido la menor relación, y que se lleva bien con todas. Incluso alguna vez las llama».

Lo anterior puede ser verdad, según declaró en septiembre del 2014 durante un desfile de modas en Nueva York, la princesa Corinna zu Sayn-Wittgenstein, a mi compañera María Eugenia Yagüe: «Siempre seré amiga del rey y siempre nos tendremos cariño. De vez en cuando nos hablamos por teléfono».

Hay que reconocer que don Juan Carlos, como Letizia, ha tenido mucha suerte con las relaciones que mantuvo en su día,

La presencia de Corinna, la amiga entrañable del rey, supuso uno de los grandes dolores y humillaciones para doña Sofía.

y casi todas ellas, menos una, son personas dignas y serias. Ninguna ha intentado rentabilizar con memorias o declaraciones aquellas historias. Todas estas relaciones con «amigas entrañables» han debido de producir mucho sufrimiento a doña Sofía, aunque nunca trascendieron y se desarrollaron en la intimidad protegida del rey, hasta que el escándalo Corinna estalló públicamente. Ninguna de estas presuntas infidelidades ha debido de llenarla de más sufrimiento y humillación que el día que vio a la falsa princesa en la portada de su revista de cabecera, el *Hola* de toda la vida.

Ese día se convirtió, a escala mundial, en la sufridora y engañada esposa que era a nivel nacional. Ya no le bastaba con mirar para otro lado arrastrando su amor. Esa fotografía, elevada a categoría de portada, supuso la humillación más grande, más dolorosa y la más injusta de todas. Tenía todo el sabor de una venganza, de una mezquina venganza. Ella había aceptado la situación comportándose como si nada pasara, cuando pasaba tanto, pero evitando cualquier escándalo y aceptando la situación sin perder la dignidad, sin preguntar nada. Aceptando que los matrimonios reales han sido y son tan felices y desgraciados como los del resto de los mortales, y aunque nacida griega, no ha nacido para representar las tragedias que han asolado su vida. Aun así, puso fin a su matrimonio institucional y a su reinado con un beso público a su esposo, el rey, en la balconada del Palacio Real, el 19 de junio de 2014, cuando su hijo Felipe fue proclamado rey tras la abdicación de su padre, el 2 de junio.

Aquel día, tanto la reina como la nuera intentaron tenderle un puente de plata, con aquellos besos forzados por las circunstancias, pero a don Juan Carlos, sin poder evitar el desagrado que estas falsas efusiones le producían, y quizá debido a la tensión del momento y al dolor de aquella abdicación, se le oyó decir con mucha tristeza: «¡Vámonos!». Y se fue para siempre para convertirse en un rey emérito, a pesar de todos los méritos acumulados durante los cuarenta años de su reinado. Un triste final para quien, no hacía mucho, había declarado que no abdicaría jamás. Nunca sabremos cuáles fueron los auténticos motivos para esta repentina decisión.

Aquel dramático viaje a la India

Recientemente se especuló sobre un posible divorcio de don Juan Carlos y doña Sofía. El periódico italiano *La Reppublica*, que dio la «noticia», demuestra no conocer que están separados desde febrero de 1976, cuando se produjo la primera gran infidelidad conocida por quien ya era reina. Posiblemente, doña Sofía nunca se había parado a meditar que para don Juan Carlos, como para su abuelo, Alfonso XIII, el ser español es a la vez su fuerza y su debilidad. Y además es Borbón.

Constancia de que estaba siendo engañada la tuvo un funesto día de febrero de 1976, creo, en que decidió darle una sorpresa a su marido cuando se encontraba de caza en una finca próxima a Madrid. Cuando llegó advirtió, con desagradable sorpresa, que no existía tal cacería y que no había nadie salvo don Juan Carlos, a quien descubrió en una de esas situaciones en las que no cabe escudarse en eso de «no es verdad lo que te cuentan». Por primera vez telefoneó al colegio para notificar que, por causa de un inesperado viaje a la India, con los tres hijos, para visitar a su madre, estaría ausente durante unos días.

Buscando consuelo a su herida, después de una crisis a los dos meses de convertirse en reina de España, voló a Madrás, donde entonces residía su madre, la reina Federica, junto a su hija Irene, para refugiarse en los brazos de ella como aquella niña que disfrutaba con la foto en la que la estaba mirando. No me cabe la menor duda de que en aquella ocasión necesitaba, no solo su mirada, sino su ayuda y sus consejos para restañar la herida que le habían infligido. Aquel dramático viaje, imprevisto e insólito, se justificó oficialmente como debido al estado de salud de la reina Federica. Es más, se intentó que yo viajara hasta Madrás para escribir un reportaje en el *Hola*, pero doña Sofía se negó. Se encontraba tan indignada que no quiso prestarse a aquella farsa. Su dignidad herida estaba por encima de todo.

Pienso que don Juan Carlos se asustó ante la reacción de su esposa. Se hicieron gestiones para hacerla volver. Al buenazo de José Joaquín Puig de la Bellacasa, entonces jefe de la Secretaría General de la Casa, se le culpó, injustamente, de «la mala política informativa de aquella "huida"». Como consecuencia de ello, optó por dimitir de su cargo. «Fue una salida voluntaria. Yo pedí al rey marcharme; lo justifiqué diciendo que quería seguir la carrera diplomática.» Fue su elegante, como todo lo suyo, explicación. «El momento del adiós resultó especialmente duro para don Juan Carlos, que, en el abrazo de despedida, exclamó emocionado: "¡Volverás!"».

José Joaquín fue víctima de las circunstancias. Y volvió. El rey lo trajo de Londres, donde desempeñaba el cargo de embajador ante Su Graciosa Majestad, uno de los mejores representantes diplomáticos en Inglaterra desde el duque de Alba, a juicio de la propia reina Isabel. La razón de don Juan Carlos es que le quería junto a él como sustituto del general Sabino Fernández Campo, cuando este dejara la jefatura de la Casa de Su Majestad. Luego, por razones que mucho tenían que ver con la vida privada del rey, se le fue anulando. No le gustó que José Joaquín modificara su comportamiento para con la reina. Le culpó de crearle problemas con las «amistades» de Palma, concretamente con Marta Gayá. No duró ni un año. El rey no se portó con él como debía. José Joaquín no se merecía salir como salió. Don Juan Carlos no estuvo a la altura de las circunstancias. Fue mezquino con quien lo único que pretendía era ser leal con él y con doña Sofía.

Pero volviendo a la reina, se hicieron numerosas gestiones diplomáticas. Finalmente, doña Sofía antepuso la obligación de reina consorte a la devoción de esposa y regresó. Pienso que aquel día perdió la batalla en su matrimonio.

Cerrar los ojos

El deterioro de la relación no solo amorosa sino afectiva venía de lejos. Y aunque doña Sofía ha intentado siempre que no trascendiera, basta con analizar en profundidad sus movimientos para advertir que ella había decidido, hacía ya tiempo, cerrar los ojos y tirar para adelante arrastrando su desamor.

Yo, que he seguido siempre su vida, entre otros motivos por obligación, recuerdo el 14 de mayo de 1991, cuando sorprendentemente decidió poner tierra y mar de por medio marchándose de viaje nada menos que a Bolivia, con la sola compañía de su prima, amiga y paño de lágrimas Tatiana Radziwill. Si no fuera por la fecha, ni me habría llamado la atención, ni habría tenido la menor importancia. Pero ese día, concretamente ese, era el 29 aniversario de su boda. Lo celebró cabalgando a lomos de una mula por los senderos andinos mientras el rey don Juan Carlos veía los toros desde una barrera en la plaza de Las Ventas de Madrid.

Respecto a la conducta del rey, hubo muchos episodios que demostraban que las cosas entre la pareja no iban como se suponía. Uno de los momentos más significativos fue el 27 de junio de 1992 en el que don Juan, el conde de Barcelona, celebraba su 79 cumpleaños. Hacía casi una semana que no se sabía del rey. Se especulaba sobre sus viajes, sobre su salud física y también sobre problemas sentimentales en el año en que la popularidad de don Juan Carlos era enorme, no solo en España sino también en el extranjero, gracias a la Expo de Sevilla y las Olimpiadas de Barcelona.

La chispa que prendió el escándalo se produjo por unas inadecuadas palabras del presidente del Gobierno, Felipe González, cuando preguntado por el rey contestó: «Está ausente», que no es lo mismo que decir «está de viaje». Aquellas dos palabras ¿tenían una carga de intención crítica sobre la conducta de don Juan Carlos?

Al día siguiente, el periódico *El País* lo acabó de arreglar con la siguiente «noticia»: «El rey se encuentra, desde el principio de la semana, en una clínica suiza donde está siendo sometido a un chequeo médico rutinario». Se trataba de una verdad a medias. Cierto es que estaba en Suiza. También en una clínica. El pobre Sabino tuvo que salir al paso desmintiendo a *El País*, pero sin aclarar mucho más. Solo que se trataba de unas cortas vacaciones en la montaña. La ministra Rosa Conde echó gasolina al fuego declarando que «razones de prudencia me impiden comentar el viaje». ¿El motivo real, en todos los sentidos? ¿Cómo decirlo? Estaba junto a una amiga entrañable que lo estaba pasando muy mal. ¿Por su culpa? ¿Por un chantaje amoroso?

Recuerdo que a propósito de este viaje, yo llegué a escribir: «El rey pasa por un momento emocional muy delicado derivado de un viejo problema matrimonial que ha terminado por hacer crisis y que estoy seguro de que, si se le deja tranquilo, acabará por superar». Este comentario mío fue reproducido en varias biografías de don Juan Carlos, entre ellas la magnífica de Paul Preston. Pero fue el inolvidable periodista e historiador Juan Balansó quien se atrevió a desvelar la realidad de lo que estaba pasando: «No pocas veces los caprichos de los reyes han erosionado la historia de los pueblos... Un momento de malhumor del monarca, un antojo sexual, han podido influir en los destinos de una reina». Y escribió por primera vez de una «gaya» dama de Mallorca que pretendía secuestrar a nuestro buen rey. «Una mujer catalana que vivía en Mallorca», según Paul Preston. Esta dama, de la que hablamos en su momento, era la razón de la ausencia de don Juan Carlos de España y su presencia en Suiza.

Pero, como la obligación está por encima de la devoción amorosa, el general Sabino Fernández Campo comunicó a Su Majestad que tenía que regresar para firmar unos reales decretos. Para tal fin, le enviaría un avión Mystère a recogerlo. Así fue. Lo que el querido, leal y eficiente jefe de la Casa de Su Majestad no esperaba es que don Juan Carlos, después de firmar los citados decretos, le comunicara que regresaba inmediatamente a Suiza, donde al parecer su presencia era necesaria. Sabino le recordó entonces que esa noche su padre, el conde de Barcelona, celebraba, con una cena familiar en casa de su hija, la infanta Pilar, su cumpleaños y «no creo, señor, que le queden ya muchos que festejar». Por aquello de que hay razones que el corazón no entiende, don Juan Carlos regresó junto a la persona que, a su juicio, le necesitaba más que su padre.

Esa noche doña Sofía no solo sufrió una de las mayores depresiones y humillaciones de su vida, sino que supo comportarse como quien era, como una reina, controlando su dolor y arrastrando su desamor.

La cena estaba fijada para las nueve de la noche. A esa hora, en el chalet de la infanta, en la lujosa urbanización madrileña de Puerta de Hierro, ya se encontraba toda la familia real (don Juan, su esposa doña María, las infantas Pilar y Margarita, y otros familiares) esperando a doña Sofía. La tensión, el disgusto y hasta el cabreo del conde de Barcelona por la ausencia de su hijo, el rey, era manifiesta. Sin embargo, ya se sabía que doña Sofía había decidido asistir a la cena. Para ello vistió sus mejores galas (a los invitados se les requería vestir traje largo y esmoquin). Me contaron que el trayecto entre el palacio de la

Zarzuela y la casa de su cuñada lo hizo bañada en un mar de llanto. Pero, poco antes de llegar, ordenó al chófer que se detuviera. Quería secar sus lágrimas, retocar su maquillaje y recuperar la serenidad suficiente para entrar como lo hizo, como una reina, sin que nadie de los presentes advirtiera ni el sufrimiento ni que había llorado. Mientras, don Juan maldecía en arameo y doña María, como todas las madres, lloraba.

Una vez más doña Sofía recurrió a su profesionalidad y se comportó como siempre, plena de dignidad.

CONVIVENCIA MATRIMONIAL Y DOLOROSAS PÉRDIDAS

Las lágrimas de la reina

Aunque doña Sofía fue educada, como todas las princesas y reinas de la época, para no exteriorizar los sentimientos, llegó un momento en que, sin poder soportar tanto dolor, se dio permiso para llorar. Nunca unas lágrimas han conmovido tanto a un pueblo como aquellas derramadas en el monasterio de El Escorial, cuando el cadáver de don Juan desaparecía a hombros de la comunidad de agustinos camino del pudridero. Nunca unas lágrimas habían demostrado ser el resumen de tantas impresiones simultáneas, la expresión de tantas emociones contradictorias. Eran como el grito que colmaba el vaso de tanto dolor reprimido, lágrimas de aflicción, pero también del desamor que había en su matrimonio.

Lamento no recordar el nombre del pensador que dijo que hay palabras que lloran, pero sobre todo lágrimas que hablan. Aunque, para Ovidio, «las lágrimas pesan siempre más que las palabras». ¡Y cuánto pesaron aquellas lágrimas de la reina!

Nunca las lágrimas de una reina han sido objeto de tanta atención mediática, como las de la reina doña Sofía en el entierro de su suegro, el conde de Barcelona, en el Monasterio de El Escorial.

«Yo diría que media España lloró aquel día a causa de las lágrimas de Sofía. La otra media se contuvo con pudor, pero todo el mundo compartió con ella el escozor de la tristeza», escribía yo en *Dios salve a la reina*.[14]

Por la relevancia de aquel momento, me voy a permitir reproducir en este libro algunos de los testimonios escritos aquel día.

Andrés Aberasturi escribía en *El Mundo*:

Media España sentía ayer la muerte de don Juan, pero lloraba con la reina. Fueron apenas unos segundos, porque el realizador de Televisión Española tuvo el buen gusto y la educación de

14. Jaime Peñafiel, *Dios salve a la reina*, Temas de Hoy, Barcelona, 1993.

respetar las lágrimas. [...] Junto al rey, y a lo largo de toda la ceremonia de El Escorial, la reina permanecía seria, manteniendo el tipo y el gesto hasta el final. Y solo cuando todo acabó se permitió lo que sin duda es un lujo para su educación de reina: llorar en público [...]. Entiendo toda esa aventura humana de encuentros y desencuentros en una familia marcada para el bien y para el mal [...]. Que ayer lloraran los reyes ante millones de españoles, lo entiendo. La reina cuando se dio permiso, el rey cuando sencillamente no pudo más.

En el *Hola* se podía leer:

En el momento de la entrega del cadáver de don Juan al prior del monasterio, según mandan las actas tradicionales que vienen de cuatro siglos, la reina llora, con la mano sobre el hombro del rey. Fue un largo momento dramáticamente emocionante.

Manuel Aguadé Nieto decía en una carta al director de *ABC*:

Siguiendo, a través de la televisión, la transmisión de la ceremonia del entierro de don Juan de Borbón, me embargó en todo momento una gran emoción [...]. Su Majestad la reina doña Sofía, dándose cuenta de los esfuerzos que hacía nuestro rey para no llorar abiertamente, le apretó cariñosamente el brazo derecho y luego pasó su brazo izquierdo sobre los hombros de Su Majestad, gesto creo yo que emocionó tanto a don Juan Carlos que ya no pudo contener el llanto, al igual que la reina [...]. Esas lágrimas de doña Sofía, esos gestos, suaves, casi caricias, me conmovieron aún más profundamente. Fueron para mí la demostración de que, a pesar de la rigidez que, en ocasiones, imponen el protocolo y la educación cortesana, la reina de España, doña Sofía, es la más bella, gentil y tierna reina, madre y esposa. Esa escena brevísima apenas duró un segundo, jamás podré olvidarla.

En *El País* María Cuadra escribía:

> Las lágrimas de la reina cuando rompe a llorar es por ver llorar a su marido y padre de sus hijos. Las lágrimas de la reina han conmocionado y estamos todos muy orgullosos de que la gente que no la conoce y la juzga seca haya visto que no lo es.

El director de *Tiempo*, José Oneto, escribía a su vez:

> A partir de ahora, cuando ya ha empezado a reconocerse el papel que en la reciente historia de España ha tenido don Juan de Borbón, hijo y padre de rey y que nunca llegó a serlo aunque recibiría honras fúnebres en el Palacio Real y en El Escorial como si fuese Juan III, don Juan Carlos se queda solo, profundamente solo. Acompañado, eso sí, por el amor de una esposa todavía enamorada.

Posiblemente, Oneto llevaba toda la razón: aquellas lágrimas eran testimonio de que ella aún le amaba. Pero no quisiera pensar que aquel día fue como una tregua, tregua de lágrimas durante la cual doña Sofía no pudo por menos de concebir por don Juan Carlos un sentimiento de ternura, incluso de piedad, que se puso de manifiesto cuando colocó la mano sobre el hombro de su marido, en un gesto que era casi una caricia tan necesaria para la vida de los sentimientos. Pero no obtuvo respuesta. Tal vez porque el rey, en esos momentos, se sentía solo con su dolor. Pero ¿y ella? Ni aquel día ni ningún otro tuvo ni tiene a nadie con quien compartir sus pensamientos o consolar su soledad. En cualquier caso, la reina es una mujer tercamente decidida a cumplir con su deber. Lo ha hecho hasta el mismísimo día de la abdicación, de la renuncia de don Juan Carlos como rey de todos los españoles y ella como reina consorte. Es tan realista que en modo alguno se compadece de sí misma por la situación en la que ha quedado. No es una reina viuda. No es una reina divorciada. Simplemente es una reina sola.

Tutto en camas separadas

Si la convivencia normal y corriente deteriora, ya de por sí, las relaciones humanas, la cama sola o la habitación sola, aunque sea con dos camas, puede ser, a veces, el primer motivo de ese deterioro de la pareja cuando no existen otros.

De la separación «de lecho» de nuestros reyes se supo en el transcurso del viaje oficial que don Juan Carlos y doña Sofía realizaron a Chile en octubre de 1990. El mismo día de la llegada, miércoles 17, un diario de Santiago, el *Fortín Mapocho*, recogía así la noticia en su primera página y a grandes titulares en rojo: «Los reyes harán *tutto* en camas separadas». No solo camas separadas tuvieron los reyes de España en el hotel Crown Plaza de Santiago, sino también piezas distanciadas, ya que, mientras doña Sofía ocupaba la suite 2209, don Juan Carlos tenía la 2212. En ese hotel de lujo, ambas suites se denominan *penthouse*, ya que cuentan con diversas dependencias, entre ellas dos dormitorios.

Aquel descubrimiento de que nuestros reyes dormían no solo en camas separadas, que siempre es bueno y saludable, sino en habitaciones diferentes aunque, eso sí, bajo el mismo techo, sorprendió a los españoles cuando se hizo público en el desaparecido diario *El Independiente*, del cual yo fui enviado especial en el citado viaje real.

Muchos «expertos» achacaron esta forma de «convivir» a motivos de protocolo real, que ya son ganas de buscar tres pies al gato y sobre todo de decir tonterías, pues el único motivo es la *real* gana (¿del rey?, ¿de la reina?), lo cual me parece más corriente y humano. Pero, sobre todo, cuando una pareja o un matrimonio decide separarse «de lecho» es porque sus componentes ya no comparten todo en la vida.

Recordando las naturales crisis matrimoniales consecuencia, la mayoría de las veces, de la convivencia bajo el mismo techo, nos encontramos que, en algunos casos, como el de los reyes, estas crisis erosionan de tal forma la relación de la pareja que la vuelta atrás a aquellos años de felicidad primeros es imposible. Unas veces por los hijos, si los hubiere; otras, por motivos económicos, y las menos, por el peso de altísimas responsabilidades, se sigue adelante intentando convivir a solas, si no con la persona, sí con el fracaso.

La muerte de su madre

«Cierto es que a doña Sofía no le ha quedado más remedio que aguantarse con su dolor, porque además no tiene ni tan siquiera a su madre para confiarse y consolarse», finalizaba yo el capítulo sobre las lágrimas de la reina. Y no lo tiene desde el día 6 de febrero de 1981 (ese mes tan corto y en el que ese año pasaron tantas cosas y todas malas). La reina Federica, que se encontraba ocasionalmente en Madrid con su hija, falleció de forma repentina cuando estaba siendo intervenida quirúrgicamente de una pequeña operación, digamos que de cirugía estética: eliminar unas pequeñas manchas un poco gruesas de colesterina conocidas como *xantelasma* sobre los párpados de sus bellísimos ojos. Como era tan coqueta, decidió quitárselas. Dicho y hecho, aprovechando que doña Sofía se había marchado a descansar a Baqueira después del conflictivo viaje oficial al País Vasco y los graves incidentes de la Casa de Juntas de Guernica, se puso en contacto con el doctor Carlos Zurita, cuñado del rey por su matrimonio con la infanta Margarita, para que le buscara la clínica, La Paloma, en la calle Loma, próxima a la avenida de la Moncloa, y también al cirujano, el doctor Vila Sancho, así como al anestesista, el doctor Aguado. Era su deseo que la operación, aunque breve y leve, fuera bajo anestesia total.

Esa decisión le costó la vida. Aunque se recuperó teóricamente de la intervención, no le respondían todos los reflejos y, encontrándose ya en su habitación, sin haber pasado previamente por la UVI, un infarto masivo acabó con su vida. Me dijeron que se había tragado la lengua. Durante varias horas se intentó, inútilmente, reanimarla. La reina había muerto. ¿Quién tenía el valor de dar la noticia a su hija? Esta terrible y dramática misión les cupo al doctor Zurita y al general Sabino Fernández Campo. La recibió don Juan Carlos cuando se disponía a acudir a un restaurante junto con la reina, para asistir a una cena con el general Alfonso Armada, secretario general de la Casa del Rey y entonces gobernador militar de Lérida, quien tan decisiva participación tuvo en el golpe del 23-F.

Don Juan Carlos no se atrevió a dar la noticia a Sofía, aunque Armada era partidario de que lo hiciera. Pero el rey prefirió decirle que habían llamado de Madrid para comunicarle que la reina Federica se encontraba indispuesta y que era mejor que ella regresara. Sin darle mayor importancia, cuando la tenía toda.

Fue una cobardía inhumana. Prefirió que realizara el viaje primero en helicóptero desde Baqueira a Zaragoza, donde la esperaba un avión de las Fuerzas Aéreas, un DC-9. Fue aquí donde la pobre reina se enteró de la terrible noticia que su marido no se había atrevido a darle. Lo supo por el jefe del aeródromo, quien había sido informado por el comandante del avión que había acudido desde Madrid a recogerla. El buen hombre debió de pensar, lógicamente, que la reina ya lo sabía. Fácil es imaginar el momento y el viaje de regreso, que hizo llorando inconsolablemente en el avión. Me contaba el piloto que la reina le pidió que apagara las luces para que nadie la viera llorar. Pero la tripulación y quienes la acompañaban la oyeron hacerlo en la oscuridad de forma desconsolada durante todo el tiempo que duró el viaje.

¿Por qué el rey no quiso viajar con ella? ¿Para evitarse el mal rato de ser él quien tuviera que informarle de la muerte de su madre? ¿Por qué esperó hasta el día siguiente para regresar a Madrid? ¿Por qué no quiso estar con ella en tan dramáticos momentos y sobre todo a la llegada a la Zarzuela, donde doña Sofía iba a enfrentarse a uno de los momentos más dramáticos y dolorosos de su vida: encontrarse a solas con su madre fallecida?

Antes de subir al avión, tuvo la serenidad suficiente para ponerse en contacto con su secretaria, Laura Hurtado de Mendoza, y pedirle que nadie informara a su hijo, el príncipe Felipe, de la muerte de su abuela. Ya lo haría ella cuando llegara. Y que lo mantuviera en alguna habitación para que no supiera nada.

Mientras tanto, Laura, con la colaboración de María Satrústegui, otra de las secretarias, montó en una salita de la segunda planta de la Zarzuela la capilla ardiente. Para ello colocaron el cadáver de la reina en una cama, como si estuviese dormida, para evitar que doña Sofía se la encontrara en una caja y entre cuatro cirios. El general Sabino me contó que cuando la reina llegó, solo preguntó dos cosas: dónde estaba su madre y dónde estaba su hijo.

Cuando entró en la salita donde se encontraba el cadáver, quiso hacerlo sola, cerró la puerta y, durante todo el tiempo que permaneció junto a su madre, el personal de la Casa, que permanecía fuera, la oyó llorar desconsoladamente. «Nunca había escuchado un llanto y un monólogo más dramático en toda mi vida», me recordaba el inolvidable general Sabino. De repente, se produjo un silencio. Se abrió la puerta y apareció doña Sofía investida de una sorprendente serenidad y dominio de la situación, aunque su rostro acusaba el terrible dolor y padecimiento que la embargaban. Seguidamente, y a solas los dos, le dio la noticia a su hijo Felipe, que solo tenía trece años.

Mientras tanto, don Juan Carlos cenaba en Baqueira con el general Armada. Estuvieron juntos hasta la madrugada. Solo faltaban dieciocho días para el 23-F.

Seis días después de la muerte de Federica, el Gobierno de Karamanlís, que se negaba a que la reina regresara a Grecia aunque fuese muerta, autorizó un humillante regreso para que pudiera ser enterrada junto a su esposo, en Tatoi. Yo fui testigo de aquel momento tan dramático, con una reina Sofía vestida de negro de la cabeza a los pies y el rostro cubierto con un velo también negro, ese velo que en España llaman «pena», de rodillas ante la tumba abierta y llorando desconsoladamente, casi a gritos. Ella no era la reina sino la hija que enterraba a su madre, a quien tanto necesitaba y a quien tanto quería.

¿Son necesarios más ejemplos, más hechos desgraciados de su vida, para llegar a la triste conclusión de que doña Sofía es, de todas las reinas y princesas, la más sufridora?

La presunta hija bastarda, ¡lo que faltaba!

Pienso que después de la proclamación de Felipe como rey de España, la vida de don Juan Carlos y doña Sofía es muy parecida a la de sus antecesores, Alfonso XIII y Victoria Eugenia. Un matrimonio desgraciado como el de ellos con solo una diferencia en la génesis de la historia: si su abuelo dejó el trono por derrocamiento, su nieto lo hizo por abdicación, aunque no se conocen los motivos exactos. Hay quien dice que su hijo, el príncipe Felipe, le dio un ultimátum: ahora o nunca. Todo esto animado por su esposa Letizia y ¿con el respaldo de la reina? Lo que nadie se cree es que don Juan Carlos se haya ido voluntariamente ni por motivos de salud.

Sean cuales fueren estos motivos, lo cierto es que no todo es malo para don Juan Carlos y doña Sofía. Al igual que tampoco lo fue para Alfonso XIII y Victoria Eugenia, un matrimonio como el de nuestros reyes, que no se hablaba desde hacía muchos años. Pero Ena, la reina inglesa de España, carecía de la dignidad de doña Sofía, quien ya no tiene que recurrir a eso que el rey llamaba «profesionalidad» y que la ha ayudado, durante décadas, a soportar infidelidades y humillaciones.

Don Juan Carlos tampoco tiene que aceptar la presencia de una esposa a la que detesta desde hace muchísimos años. Salvo en alguna que otra ocasión institucional, es la liberación para los dos.

Doña Sofía no se ha despedido de don Juan Carlos como Victoria Eugenia lo hizo de Alfonso XIII diciéndole: «No quiero volver a ver tu fea cara nunca jamás». No es su estilo, y a diferencia de su antecesora, siempre ha estado enamorada de su marido. Ese fue y será siempre su drama.

Por ello debió producirle un profundo dolor en su corazón y en su orgullo saber que hay una mujer que está dispuesta a que se le reconozca ser hija de don Juan Carlos. Iliana Ghrislaine, una belga de 82 años, la madre de Ingrid Sartiau, la mujer que dice ser la hija del rey emérito, ha declarado haberse acostado, en diciembre de 1965, con el entonces Príncipe de España. A lo mejor, tan solo fue un polvo. Pero si ella lo dice... Cuando esto sucedió, presuntamente, claro, hacía solo tres años que el rey se había casado con doña Sofía y ya tenía dos hijas, Elena y Cristina. Se supone que era una época en la que vivían una gozosa luna de miel. Por culpa de esta noticia, hoy, el recuerdo del gozo ya no es gozo mientras que el recuerdo del dolor siempre será dolor, como decía Lord Byron.

Todo esto, quizá, le impide olvidarle o, quizá, le ayuda. Ya se sabe lo que decía Calderón de la Barca: «A quien me quiere, quiero, y a quien me olvida, olvido». ¡El olvido!, qué palabra llena de horror y de consuelo. ¿Se puede vivir sin olvidar?, se preguntará doña Sofía. Pero ¿quién puede olvidar lo bastante? El fondo de su corazón puede que le pese con las cenizas del olvido. A lo mejor, ahora que ya no tiene deberes ni como esposa, que sigue siéndolo sin serlo, ni como madre, puede que sea verdaderamente libre y feliz. Pero, a lo peor, ese inmenso río de olvido puede que la arrastre hasta un abismo sin nombre.

ABDICACIONES

La abdicación de don Juan

El primer acto de la materialización del drama de la abdicación, la despedida de un rey y la llegada de otro, ese 19 de junio de 2015, tuvo como escenario el Salón de las Columnas del Palacio Real, ese que el Conde de Barcelona hubiera querido para su renuncia a los derechos dinásticos, el 17 de mayo de 1977.

Ese día, don Juan Carlos llevaba siendo rey un año y seis meses, pero rey «ilegal», puesto por Franco, pues carecía de los derechos históricos y dinásticos que solo ostentaba su padre, don Juan de Borbón y Battenberg, desde la muerte de Alfonso XIII, el 15 de enero de 1941.

Don Juan Carlos quedó, durante ese tiempo, para la historia, como un eslabón perdido de la dinastía que impuso el general, según escribe Manuel Soriano en *La sombra del rey*.[15]

---

15. Manuel Soriano, *Sabino Fernández Campo. La sombra del Rey*, Temas de Hoy, Barcelona, 1995.

Hacía falta una renuncia expresa y formal de don Juan como jefe de la Familia Real para que esa monarquía del 18 de julio se convirtiera en la monarquía de los Borbones.

Consolidada la democracia, aunque la Constitución no sería aprobada hasta 1978, el conde de Barcelona se dispuso a renunciar a todos sus derechos en la persona de su hijo. Este gesto entrañaba no poca grandeza de alma que muchos pretendieron minimizar como si fuera un asunto sentimental de familia. Él deseaba que su renuncia se efectuase con la mayor solemnidad en el Palacio Real; treinta y ocho años después lo haría su hijo. Hubo varias personas que no lo quisieron, no solo el presidente Adolfo Suárez, quien no sentía ningún aprecio por el conde de Barcelona; también la reina Sofía que, con su inexplicable y cruel actitud, no dio la talla, quizá porque no le gustaba reconocer que su marido había sido, hasta entonces, un rey «ilegal». Eso era muy duro de aceptar y le llevó a tener un comportamiento impropio de ella. Llegó a sugerir que don Juan hiciera la renuncia por carta y dejara de incordiar. Fue una mezquindad gratuita y una humillación injusta.

«Llegaron a pedirme que hiciera la renuncia escribiendo a mi hijo una carta, como quien se despide de un familiar», se lamentaba don Juan, aunque sin mencionar a la persona que había sugerido tal cosa.

Rafael Borrás en su libro *Los últimos Borbones* recuerda las palabras del conde de Barcelona: «Acabé con todo aquello al exigir, por lo menos, en el Palacio Real y retransmitido por televisión», le precisó, sin decir tampoco a quién le pedía tal cosa, que no era otro que a su hijo. Pero no lo consiguió. «Ya ves, como no me dejaron hacerlo en el Palacio, tuvo que ser en la Zarzuela (yo estuve presente) de tapadillo (como Sofía quería) y en un ambiente de reunión familiar, casi clandestinamente».[16]

16. Rafael Borrás, *Los últimos Borbones*, La flor del viento, Barcelona, 1999.

Nunca olvidaré aquella triste fotografía en la que el conde de Barcelona, de paisano, leía una cuartilla a su hijo, ante un solitario micrófono, en presencia de una doña Sofía que no podía ocultar su emocionada satisfacción, y una condesa de Barcelona, esposa y máter dolorosa, con el sufrimiento reflejado en su rostro. Y encima vestida de amarillo.

La víspera de la renuncia a todos sus derechos al trono, don Juan me recibió en su hogar de Estoril, su residencia durante el larguísimo exilio portugués, para concederme la que sería su última entrevista como jefe de la Familia Real española, entrevista que fue publicada por la revista *Hola,* de la que yo era redactor jefe, el 28 de mayo de 1977:

> —El acto de mañana supondrá para Su Alteza un enorme sacrificio.
>
> —El cumplir con el deber no ha sido, para mí, nunca, un sacrificio. Pero si hay que sacrificarse, lo hago por el bien de España y no solo de boquilla…. Yo solo puedo decirte que siempre he mantenido una línea muy consecuente toda mi vida. Tú me conoces desde hace muchos años y no creo que en todo este tiempo me hayas oído cambios de opinión ni de ideas.
>
> —Pero esa actitud, ese comportamiento le ha costado quizá demasiado.
>
> —Me ha costado porque lo otro duró demasiado, duró mucho… Lo malo es que ya me voy haciendo viejo. Cumplo sesenta y cuatro años el mes que viene y eso ya se nota, ya se nota… Mi idea fija durante los veintinueve años que he vivido en Estoril ha sido siempre ir allí, a mi patria (esa patria que se llama España y de la que pudo ser rey y no lo fue por un noble y difícil patriotismo).

Aquella renuncia y aquel «¡Majestad, por España, todo por España!» dicho por el padre, firme, cuadrándose e inclinando la cabeza ante el hijo, fue un gesto grande, admirable, que no hay que olvidar. «Esas actitudes solo se tienen si hay casta de rey. Y don Juan la tenía.» Aunque parezca increíble, estas palabras las pronunció la reina Sofía, posiblemente como desagravio a su inaceptable comportamiento. Pero ya se sabe eso de muerto el...

La abdicación de don Juan Carlos. Los besos envenenados

La ceremonia de abdicación de don Juan Carlos como rey de todos los españoles durante cuarenta años no fue mucho más alegre, aunque sí más solemne, sobre todo por el marco que para sí hubiera querido su padre: el majestuoso Salón de Las Columnas ante el gobierno en pleno, representantes de las principales instituciones y casi todos los presidentes de las comunidades autónomas que abarrotaban el recinto. Ciento cincuenta españoles que iban a ser testigos de la más humillante ceremonia de la monarquía española: el fin del reinado de un hombre que, no se iba, le echaban algunos de los que allí estaban.

Aunque doña Sofía había dicho en varias ocasiones «A un rey solo debe jubilarle la muerte..., que muera en su cama y se pueda decir: "El Rey ha muerto, viva el Rey". No es urgente reformar la Constitución... Ni el rey está cansado, ni el príncipe impaciente... ¿Abdicar? ¡Nunca! El rey no abdicará jamás... Ni lo hemos hablado nunca. Se da por sobreentendido». ¿Qué había sucedido en la vida del rey para que ella, según mi fuente de todo crédito y responsabilidad, estuviera en el complot familiar (el político iba por otro lado) que decidió que había que exigir a don Juan Carlos la abdicación? Mi interlocutor, muy próximo a la Zarzuela, piensa que doña Sofía estaba cargada de razones y cansada de su papel de sufridora esposa.

En el caso de Letizia, el otro miembro del complot, era lógico que deseara ver a su marido sentado en el trono. Lo manifestó sin tapujos y descaradamente aquellos días en una entrevista a *Vanity Fair*: «El príncipe ya está preparado para ser Felipe VI». Después de su encuentro con la consorte de Felipe, los periodistas escriben que Letizia «es el último flotador de la monarquía y ella, junto con su marido, evitarán que la monarquía se hunda».

El tercer miembro, el propio príncipe, estaba asustado por el resultado de las encuestas de Sigma Dos para *El Mundo* sobre el reinado de don Juan Carlos, que en los 12 últimos meses había perdido nueve puntos y contaba tan solo con el 41,3 por ciento del respaldo de los españoles. Tras el accidente o incidente de Botsuana, por primera vez, el CIS no preguntó por la valoración de la institución. Tras la desgraciada cacería y la imputación de Urdangarin, la Corona suspendía por vez primera. Desde entonces, no volvió a levantar cabeza hasta la abdicación del rey.

Fue el lunes 6 de enero de 2014, día de la Pascua Militar, cuando la conspiración política y familiar se puso en marcha. Hasta entonces, mucho se había especulado sobre la salud del rey y su vida licenciosa. Pero a raíz de lo de Botsuana, la «cuesta abajo en la rodada», tanto en lo que a su salud se refería como a su vida privada y sentimental, era ya imparable y difícil de contener. Y aunque el general Sabino había dicho que «la sucesión, la abdicación, no había que precipitarla y que se produciría en su momento, cuando las leyes de la vida impongan la necesidad de que se produzca»..., [17] el momento había llegado ¡ya!

Me informaron de que la situación tan lamentable de don Juan Carlos aquel 6 de enero de triste memoria, se debía a que la víspera, el día 5, había celebrado su setenta y seis cumpleaños

17. Jaime Peñafiel, *El Rey no abdica,* La Esfera de Los Libros, Madrid, 2011.

Última imagen de don Juan Carlos como monarca reinante antes de la abdicación, con la reina Sofía, el príncipe y Letizia, el triste 6 de enero de 2014, día de la Pascua Militar.

Un momento, el más dramático y generoso de don Juan Carlos fue el de su abdicación. Testigo: una muy triste reina Sofía.

en Londres junto a Corinna, a quien dejó aquella madrugada para volar a Madrid y presidir el solemne acto de la Pascua Militar en el Palacio Real. Ahí llegó en un estado deplorable, más arqueado que de costumbre y con paso tan fatigado que la reina Sofía, Felipe y Letizia se vieron obligados a caminar detrás con expresión entre triste y cabreada. «La lectura del discurso fue un desastre por la incapacidad de don Juan Carlos de hacerlo con un mínimo de dignidad. Se llegó a contar hasta siete lapsus, independiente del continuo tartamudeo». Cierto es que la luz sobre el atril no era la más adecuada. «Fue un momento espantoso de vergüenza y angustia colectiva por lo que estaba sucediendo ante nuestros ojos».[18]

Por todo esto y muchas cosas más, la abdicación estaba decidida. Pero, en esos momentos, no era necesario preguntar por los motivos sino quién o quiénes le obligaban a abdicar después de cuarenta años de buen reinado. Cierto es que muchos piensan que no fueron tan buenos sino corruptos, deshonestos, inmorales y opacos. Que de todo hubo un poco. Así es este país de injusto, olvidadizo y desagradecido.

Aunque en la actual situación del buen rey, no tengo ninguna duda cuando hablo y escribo sobre él, no puedo por menos que recordar uno de los artículos más emotivos y brillantes de mi querido Antonio Gala, y que podía hacer suyo el propio Juan Carlos: «Una cosa tengo clara: no me echo de menos a mí en años fecundos, sino que echo de menos a quienes entonces se tomaban el trabajo de seguirme, buscarme, encontrarme, animarme, sonreírme y estrecharme la mano».

Nunca olvidaré el momento, el día de la abdicación del todavía rey: se levantó de su asiento y, con la tristeza y la emoción al borde de las lágrimas, se dirigió, con paso torpe y renqueante a pesar de apoyarse en una muleta, «que se afanaba en

---

18. Ana Romero, *Final de partida*, La Esfera de Los Libros, Madrid, 2015.

disimular su innegable deterioro físico», hasta la mesa donde firmaría la abdicación que ponía fin a su reinado.

Después se produjo el momento más tenso y desvergonzado: el de los abrazos y besos envenenados, el primero de ellos, el imprevisto de doña Sofía cuando él ya estaba incómodo. «Ella llevaba más de la mitad de su vida esperando ver a su hijo proclamado rey [...]. En los momentos duros, que los ha habido y muy duros, doña Sofía ha permanecido erguida como una roca, impasible en su papel, fortalecida por la esperanza de ver a su hijo convertido en soberano», escribió en un artículo Almudena Martínez Fornés.

Después, su hijo. El nuevo rey. En ese momento se entremezclaban la tristeza y la melancolía, visibles ambas, y la alegría contenida de los que habían propiciado aquel doloroso acto, como Letizia que, por fin, veía a su maridito convertido en el rey que ella siempre soñó.

Dramático cuadro del famoso pintor Cristóbal Toral, lleno de simbología sobre la abdicación del rey Juan Carlos. Como si le hubieran tirado a la basura.

Cuando hizo ademán de acercarse a don Juan Carlos para besarle, en un momento de tanta emoción, el rey saliente hizo un claro y feo desaire a la mujer que acababa de convertirse en reina consorte o consorte del rey Felipe VI. «La mala relación entre ambos [...] quedaba en evidencia en el peor momento posible, ante millones de españoles», según el libro de Daniel Forcada y Alberto Lardiés, *La corte de Felipe VI*.[19]

Este festival de besos «envenenados» se repetiría en la balconada del Palacio Real, después de la ceremonia de proclamación de Felipe, como rey de todos los españoles, el jueves 19 de junio de 2014, «aunque, en el balcón vuelven a quedar al descubierto las discrepancias de una familia desestructurada, destacando sobremanera otro desaire del ya rey emérito a la nuera».[20]

Cuando ya no pudo más, don Juan Carlos dio la espalda a todos aquellos que llenaban la Plaza de Oriente diciendo, «¡Vámonos ya!».

Señor, viendo a vuestro hijo Felipe, entrando y saliendo de su despacho de la Zarzuela, ¡vuestro despacho durante cuarenta años!, no puedo menos que acordarme de Vos, que en mala hora abdicasteis. U os abdicaron.

En el pecado llevan la penitencia quienes la propiciaron y se alegraron, de haber sabido lo que iba a suceder, políticamente hablando, ni hubierais abdicado ni ellos os hubieran forzado. Un ex jefe de la Casa del Rey sentenció: «El tiempo pondrá en su lugar a don Juan Carlos y a doña Sofía. Él ha sido un gran rey y ella una gran consorte real».

Lo realmente trágico de esta historia es que la mujer por la que seriamente apostó al final de su vida, Corinna, también le

---

19. Daniel Forcada y Alberto Lardiés, *La corte de Felipe VI*, La Esfera de Los Libros, Madrid, 2015.

20. Daniel Forcada y Alberto Lardiés, *op. cit.*

falló, rechazando la oferta que le hizo de matrimonio en el verano de 2013. «No creyó conveniente para ella casarse en terceras nupcias con un ex rey septuagenario.»[21]

La abdicación, un secreto de Estado

El tema de la abdicación es mucho menos frívolo y más serio de lo que pueda imaginarse, a veces, es incluso dramático.

Siempre hay algo triste y casi trágico en las personas que llevan sobre sí la representación de su país y sus habitantes. Todos los hechos de su existencia serán, siempre, «asuntos de Estado», como las bodas de los herederos o los divorcios de los reyes, los príncipes o las infantas, incluso las rupturas de los noviazgos.

Solo mi paisano, amigo y ex jefe de la Casa de Su Majestad, Fernando Almansa, sabe cómo se negoció el fin de las relaciones sentimentales, tan apasionadas, entre el heredero de la Corona y la noruega Eva Sannum, porque a una mujer, a la prometida del futuro soberano, no se la echa con una patada en el trasero.

Cierto es que a un rey no se le puede votar, con uve, salvo que se haga con be, de botar, mediante un referéndum, el único sistema para acabar no con el rey sino con la institución. O con la abdicación, el mayor secreto de Estado de una monarquía. Gracias a Javier Ayuso, responsable de Comunicación y Relaciones Exteriores de la Casa de Su Majestad desde que se incorporó en marzo de 2012, en plena crisis del caso Nóos, conocemos hoy los «secretos» del secreto de Estado, la abdicación de don Juan Carlos. Él, junto con Rafael Spottorno, jefe de la Casa del Rey, fue el responsable de las palabras más humillantes que se le obligaron a pronunciar el día que abandonaba la

---

21. Ana Romero, *op. cit.*

clínica en la que había permanecido recuperándose de la rotura de cadera, tras el escándalo de su caída en Botsuana. Y el escándalo había sido mayor por la compañía, su «amiga entrañable», Corinna: una humillación pública para la reina Sofía que exigía una pública reparación.

Y manos a ello se pusieron Spottorno y Ayuso. Conscientes de que la situación de imagen y la reputación eran muy malas, malísimas, no se les ocurrió otra cosa que proponer a don Juan Carlos decir algo a la prensa el día en que abandonaba el hospital. Para ello, redactaron unas lamentables y vergonzosas palabras, once en total, con las que el rey quedó humillado ante toda España. Ayuso se disculpa explicando que «don Juan Carlos no pidió perdón. Lo que dijo es lo que todo español cuando hace algo mal, lo siento».

No, querido Javier, le «obligasteis», aprovechando la situación anímica en la que se encontraba, a decir con gesto impropio de un rey reinante algo peor: «No lo volveré a hacer», como un niño cogido en falta. ¡Qué pena nos dio a todos los españoles! A la única persona que debía pedirle perdón era a la reina, a su esposa. No por el safari, que no es un delito, sino por la compaña. Pero a nadie más.

Ese día, tanto Javier como Rafael, no solo se excedieron en su cometido sino que pusieron la persona del rey a los pies de los... elefantes.

Por lo demás, hay que agradecer a Javier Ayuso, compañero de profesión y hoy columnista de *El País*, la honestidad de desvelar a la periodista Goya Ruiz todos los secretos de la abdicación para el magnífico documental sobre Felipe VI, en el que yo participé, bajo la dirección de Nieves Herrero y emitido por Telemadrid, con motivo del cincuenta aniversario del sucesor de don Juan Carlos. Lo recogemos en este capítulo íntegramente, sin quitar ni un punto ni una coma.

Al equipo más cercano nos lo dice a mediados de febrero y él toma la decisión después de la Pascua Militar de enero de 2014. Él cree que es el momento de abdicar, de dar paso a su hijo, cree que hay nuevos problemas en España, que su hijo está preparado para afrontarlos [...]. En un rasgo de enorme generosidad, decide dar un paso a un lado, según explicó en su mensaje de abdicación. Entiende que eran nuevos tiempos y que la monarquía necesitaba nuevo impulso. En febrero de 2014, cuando decide que va a abdicar, se crea un comité de trabajo muy pequeño, en el que está el príncipe. Estuvimos trabajando cuatro meses, en secreto, seis personas.

Cuando terminábamos nuestro trabajo nos reuníamos casi todos los días en el despacho de Spottorno. Éramos cuatro o cinco personas. El príncipe se unía algunas veces. Trabajábamos con la máxima confidencialidad. De hecho, no lo sabía nadie de nuestros equipos. Todos los trabajos que íbamos haciendo los grabábamos en un *pendrive*. No podíamos grabarlos en el disco duro de los ordenadores. Se trabajó cada detalle, desde las partes legales, de comunicación, de protocolo, de actuación, los cien primeros días del nuevo rey [...] absolutamente con muchísimo detalle.

En Moncloa, había también un equipo de dos personas y nada más... La clave era llegar al 2 de junio sin que se supiera que el rey iba a abdicar

Si se hubiera sabido que el rey había decidido abdicar, se hubieran planteado otros debates y hubiera sido más complicado [...]. Lo sabía quien lo tenía que saber. En la fase final se fue informando a la gente que lo tenía que saber [...]. Era muy importante la discreción, muy, muy importante [...]. La persona clave fue Spottorno, que es el que coordinó todo y a todos [...]. Y hablaba con el rey y coordinaba con el Gobierno. De Moncloa recibimos muchísimo apoyo. Soraya trabajó con un abogado del Estado de su equipo de una forma muy activa y efectiva.

Fue todo como estaba previsto [...]. Cuando se vieron todos los planes y empezamos a trazar el calendario, teníamos muy claro que había una pequeña ventana de oportunidad del 15 de mayo al final de junio [...]. El 15 de mayo eran las elecciones europeas y a final de junio se disolvían las Cortes. Había que aprovechar esos cuarenta y cinco días, el momento más oportuno [...]. Había dos opciones: el 2 o el 9 de junio. Se decidió el 2 para tener más tiempo para aprobar la ley.

El jueves anterior ya estaba todo preparado, y lo que se debate, en ese momento, es si el príncipe Felipe tiene que ir o no a El Salvador, un viaje que tenía previsto hace tiempo. Finalmente, se decide que tiene que ir para que la gente no piense cosas raras.

Por otro lado, el anuncio de la abdicación tenía que hacerse un día que estuvieran todos los miembros de la familia en Madrid. Por eso se hace el lunes por la mañana. El príncipe Felipe vuelve el domingo y la reina Sofía, que se tenía que ir a Nueva York a un acto, se va ese lunes por la tarde. Se deja todo preparado el jueves para que se hiciera el lunes por la mañana.

El príncipe, cuando se va a El Salvador, sabía perfectamente el calendario y sabía que iba a volver antes.

Ese día mantuvimos actos en agenda. El rey Juan Carlos iba a ir a un acto en Barcelona y lo mantuvimos como distracción para que la gente no sospechara nada.

Días antes habían llamado diciendo que había rumores. Pero, si un periodista sabe que va a abdicar el rey, lo publica. ¿Que había rumores, sí? Y un año antes hubo un medio que lo publicó [...].

Ese día estaba claro que las cámaras de televisión iban a venir a una hora determinada, que el Rey iba a grabar el mensaje, que el presidente del Gobierno iba a anunciarlo antes y que luego se iba a transmitir el mensaje grabado.

Y, desde el momento de la grabación, hasta el final del día, teníamos previsto y agendado a quién iba a llamar el rey, a quién iba a llamar el príncipe, Spottorno, Alfonsín y cada uno de los miembros del equipo. La grabación se hizo más lento de lo habitual, porque hubo que repetir varias veces. Estuvimos bastante pillados de tiempo. El príncipe estuvo dentro del despacho del rey cuando se estaba grabando el mensaje. También estaba siempre en los de Navidad.

Había una escaleta tan detallada que lo que nos preocupaba es que todo saliera al segundo. Todo estaba previsto: anuncio de Rajoy, mensaje del rey, al empezar el mensaje, un twit de la Casa del Rey anunciando todo, y luego todas las llamadas que teníamos que hacer.

¿Cuál fue el problema? Que cuando Moncloa anunció que iba a haber un anuncio institucional del presidente del Gobierno empezaron a correrse los rumores...

En el Gobierno lo sabían el presidente y la vicepresidenta. Ningún otro miembro del Gobierno lo conocía. Lo sabía Felipe González, Aznar, Zapatero, desde unos tres días antes.

Yo, cuando veo al príncipe, es a las 7 de la mañana de ese día, que es cuando habíamos quedado para arrancar todo. Pero creo que había llegado antes de El Salvador y le había dado tiempo a dormir algo.

El rey Juan Carlos estaba convencido de lo que tenía que hacer, orgulloso y satisfecho con lo que iba a hacer y muy seguro de que su hijo iba a ser un rey buenísimo.

El rey le dijo a su hijo y a Spottorno que él pensaba que el protagonismo, en la proclamación, era de su hijo [...]. Que él iba a tener su protagonismo el día de la abdicación, que se hizo en el Palacio Real en un acto muy solemne, donde le cedió el sitio, y que ese era el fin de su mandato. Pero que luego sí iba a estar en el balcón del Palacio Real, para dar esa imagen de la familia y de la dinastía.

El príncipe, durante ese proceso, estaba muy involucrado. Había una cierta preocupación porque teníamos que hacer muchas cosas en diecisiete días. Eran complicados porque la Constitución no desarrolla la abdicación. Solo se dice que el rey puede abdicar y que si abdica tiene que haber una Ley Orgánica que lo regule [...]. Teníamos diecisiete días para aprobar una Ley Orgánica y organizar la proclamación del nuevo rey [...]. No había mucho tiempo para sentimientos, sensaciones; era todo a toda velocidad.

Las abdicaciones en otros países

Aunque la reina Sofía dijera en su día que los reyes no abdican nunca, que a un rey «solo debe jubilarle la muerte», abdicaciones las ha habido en todas las monarquías europeas, aunque muy pocas y excepcionalmente. Todas ellas en el pasado siglo xx, todavía tan próximo generacionalmente hablando.

La primera de ellas, en el Reino Unido, un país donde el relevo en la Casa Real se había desarrollado siempre dentro de la normalidad sucesora y nunca con abdicaciones. Tanto en la dinastía de los Hannover, con Jorge I, Jorge II, Jorge III, la reina Victoria y Eduardo VII, como en la dinastía de los Windsor, con Jorge V, Eduardo VIII, Jorge VI e Isabel II, que todavía está por ver.

La abdicación de Eduardo VIII, en diciembre de 1936, sin haber llegado a ser coronado rey por amor a la divorciada norteamericana Wallis Simpson («renunciar a tanto por tan poco»), fue la primera y una de las cinco abdicaciones a lo largo de... setenta y cinco años.

Bélgica, un pequeño país de apenas ciento ochenta años de existencia, ha tenido hasta hoy solo seis reyes, todos de la misma dinastía, y dos de ellos abdicaron. El primero, Leopoldo III, lo hizo por su comportamiento durante la ocupación alemana del país. La población no le perdonó nunca que hubiera rehecho su vida sentimental en plena ocupación y cuando el recuerdo de la fallecida reina Astrid, que fue tan querida, aún estaba vivo en la memoria de los belgas. El nombre de la princesa de Rethy se utilizó como arma arrojadiza contra el rey. Se pidió incluso la salida de ella de la Corte y del país. Ante el temor de que la continuidad de Leopoldo en el trono llevara a Bélgica a una guerra civil, el rey decidió abdicar en su hijo Balduino, que solo tenía veinte años en 1952.

El 21 de julio de 2013, se produjo la segunda abdicación de la monarquía de los belgas, en la persona del Alberto II. El rey abdica, por motivos de salud, en su hijo Felipe, después de veinte años en el trono.

Holanda o los Países Bajos, como prefieran, es el único país europeo donde la forma de Estado es una monarquía en la que el titular de la Corona no espera a que el pueblo tenga que oír esas palabras tan dramáticas y al mismo tiempo gozosas, «¡El Rey ha muerto!, ¡viva el Rey!», para que el heredero se convierta en el nuevo soberano. También es el único país en el que tres mujeres han ocupado sucesivamente y a lo largo de ciento treinta años el trono de los Orange. El actual rey Guillermo es una excepción. Pero no se preocupen. El futuro titular después de él será... otra mujer.

Tanto Guillermina (1890-1948), como Juliana (1948-1980) como Beatriz (1980-2013) abdicaron cuando consideraron que la sucesión estaba sólidamente garantizada. Resulta curioso que fue el rey Juan Carlos el único jefe de Estado a quien la reina Juliana comunicó la decisión de abdicar. Y fueron los reyes de España los últimos en ser recibidos oficialmente, antes de abdicar.

Luxemburgo es el estado más pequeño de la Unión Europea, con 1.586 metros cuadrados y medio millón de habitantes. Pero se trata de una de las diez monarquías actualmente reinantes en

Europa, en la que siete soberanos han reinado. Tres de ellos abdicaron: la gran duquesa María Adelaida, que lo hizo en favor de su hermana Carlota; esta, en noviembre de 1964, en su hijo Juan, de cuarenta y tres años y padre de cinco hijos; y este, el 7 de octubre de 2000, en su hijo Enrique después de treinta y seis años en el trono.

LETIZIA, LA REINA EMÉRITA Y LOS DESPLANTES REALES

Situación de las eméritas

Doña Sofía reconoció en cierta ocasión a la periodista Pilar Urbano que «aunque no reine, aunque esté reinando mi hijo, aunque me hayan exiliado nunca seré reina madre, ni reina viuda, simplemente reina Sofía».[22]

¡Qué lejos estaba entonces de pensar lo dura, complicada e ingrata que iba a ser su vida cuando se convirtiera en reina «emérita» y su nuera en la titular! «El relevo en la Corona en 2014 estableció el gran cambio de poder dentro de la familia real. Letizia quiso marcar aún más su territorio y dejó claro que ella poseía el mando», según la compañera Mabel Galaz.

Lo sucedido el 1 de abril de este año 2018 en la catedral de Palma de Mallorca, en la tradicional misa de Pascua, demostró que dos reinas, en este caso tres, la que fue, la que es y la que será, no caben en la Zarzuela ni en el país.

---

22. Pilar Urbano, *La Reina, op. cit.*

Nada hacía sospechar, en esta fotografía, lo que sucedería minutos después entre la reina que es, la que fue y la que será.

Aunque doña Sofía reconoció a Urbano que «como madre he querido evitar siempre que mis hijos sufrieran, se llevaran desilusiones, tuvieran disgustos, fracasos, chascos, al encontrarse con que el mundo no es perfecto y las personas fallan», por lo sucedido en la capital balear quedó demostrado que no ha podido evitar que su muy amadísimo hijo Felipe sufriera ¡y de qué manera!, y se haya desilusionado de su matrimonio con la persona con la que no debió casarse.

Parece que doña Sofía fue premonitoria cuando, en 1996, decía a Urbano: «Si hay un hijo que quiere casarse con la persona que no le conviene, con quien no debe... (tal parecía que hablaba de la impresentable nieta del taxista) haces lo que sea por evitarlo». Desgraciadamente, no fue así. No solo no hizo nada sino todo lo contrario, «adoptó» a la novia de su hijo y la acogió en la familia para ayudarle a que el matrimonio funcionara. Para ello, la invitó, en vísperas de la boda, a que se trasladara al propio palacio de la Zarzuela, alojándose en la zona reservada para invitados. Y la asesoró en todo lo que pudo en los primeros pasos de Letizia como princesa de Asturias hasta que doña Sofía se enteró de lo del aborto. A ella, tan defensora de la vida, le era difícil aceptar que su nuera hubiera pedido la colaboración de su hijo Felipe para borrar los rastros de una interrupción voluntaria de un embarazo, aborto al que Letizia se sometió, un año antes de su boda, en la clínica Dator de Madrid.

Lo grave de esta historia es que, cuando conoció a Felipe, el 17 de octubre de 2002, durante una cena en la casa de Pedro Erquicia (fallecido el 20 de abril de 2018), Letizia no solo tenía novio, el periodista David Tejera, sino que estaba embarazada de este. Pero cuando vio, aquella misma noche, el interés del príncipe por ella, decidió interrumpir el embarazo. Con lo que llevaba en el vientre, casarse con el heredero era imposible, pero podía solucionarse. Y el 27, solo diez días después de conocer al príncipe, acudió a la clínica Dator, donde abortó sin que el padre de la criatura se enterase incluso del embarazo.

Cuando Felipe se compromete con Letizia, desconoce lo del aborto. Pero, cuando la boda se aproxima, en un gesto de «honestidad», ella le confiesa el tema. La irresponsabilidad del actual rey en este turbio asunto es que Felipe está de acuerdo con que hay que borrar todo rastro del aborto. «Si esto lo sabe la madre de Felipe, la boda es inviable... Tienen que desaparecer todos los papeles», le dijo ella a su primo David Rocasolano. «Esto hay que hacerlo ya», exigió don Felipe, a quien Letizia le acababa de desvelar el secreto. Estaba aterrada de que se filtrara. En unos días se anunciaría el compromiso de su matrimonio por el que se convertiría en princesa de Asturias y futura reina de España. Como cuenta su primo: «algún trabajador de la clínica podía caer en la tentación de copiar o robar el expediente del aborto» al que se sometió el 27 de octubre de 2002, un año justo antes de anunciar su compromiso. Pagó por ello, según documento de la clínica, 240 euros, 39.932 pesetas. «Felipe y Letizia estaban solos ante este problema», cuenta David. Y el 23 de octubre, nueve días antes de la petición de mano, Letizia y Felipe tenían en sus manos el dossier del aborto, una bomba que, de haber estallado entonces, se hubiera llevado por delante la boda real.

No fue así. Letizia pudo contraer matrimonio canónico sin que nadie conociera, solo los novios y el primo de ella, el tema del aborto. Pero en abril de 2013, David Rocasolano, primo hermano de Letizia, publica su libro *Adiós, Princesa* y todo dios se entera de lo del aborto.[23] La reina Sofía también. La profesionalidad con la que la soberana ha ejercido siempre el oficio permitió que todo siguiera igual, pero solo en apariencia. Algo muy importante se había roto y no volvería a soldarse.

La unidad de la corona se rompió en la catedral

Lo sucedido a las 18 horas del domingo 1 de abril de 2018, en la catedral de Palma de Mallorca después de la misa de Pascua, marcará un antes y un después en la historia de la familia real española, pero sobre todo en la vida de doña Sofía, quien nunca quiso que trascendiera la difícil relación entre reina y nuera, entre abuela y nieta.

Lo grave, gravísimo, es lo que encierra, lo que demuestran los pocos segundos de duración del ¿incidente?, ¿accidente? El vídeo grabado a la salida del templo mostraba a doña Sofía preparándose para posar con sus nietas, la princesa Leonor y la infanta Sofía, para la cámara del fotógrafo de la Casa Real. Pero Letizia se interpone violentamente entre las tres y la cámara, dificultando, más que impidiendo, la fotografía. La nuera acerca su mano a la de su suegra, momento en el que la nieta realiza, por dos veces, un gesto violento para sacarse la mano de la

---

23. David Rocasolano, *Adiós, princesa,* Foca, Madrid, 2013.

Doña Sofía, una feliz abuela que, ese día, no lo fue tanto.

abuela, posada sobre su hombro. Mientras, el rey Felipe intentaba reconducir la situación y don Juan Carlos, que comparecía junto a la familia después de cuatro años ausente, intentaba hablar con su hijo que le apartaba diciendo «No es el momento».

La periodista Luz Sánchez-Mellado escribía en *El País*:

> La tensa escena entre doña Sofía y su nuera es el mejor retrato de cámara desde *Las Meninas*.
>
> Extraña y no extraña la pérdida de papeles por parte de la reina nuera. Una siempre hiperpreocupada profesional de los focos echando a perder un trienio largo de ejercicio en el cargo por un desplante gratuito a su suegra. No hace falta ser perfecta, pero quizá sí más empática. Ya sabemos que todo es mentira o que no todo es cierto. Que los reyes ancianos son una pareja rota que se junta por compromiso. Que en todas las familias se cuecen habas o brócoli orgánico. Ya sabemos que llevarse regular con los suegros no es noticia. Pero sí lo es hacerle un feo a la madre de tu marido y abuela de tus hijas y reina de España antes de que tú fueras esposa y madre, y reina consorte a su debido tiempo. Si todas las familias del cónyuge son políticas, la suya es la más política del mapa. Y la política es teatro para adultos. Hace tiempo que se rompió el hechizo y nadie se cree el cuento. Ya se sabe que los reyes, no solo de los naipes, están desnudos. La incógnita es si algún día se romperá la baraja.

El desencuentro entre suegra, nuera y nieta quedó reflejado en el vídeo que se hizo mundialmente viral. A propósito de este incidente, circuló el siguiente wasap:

> Querida Leonor, qué tristeza me ha provocado verte junto a tu abuela en la catedral de Palma... No lo esperaba de ti. Se supone que estás recibiendo una educación muy por encima del resto de los niños de tu edad, pero al ver con qué desprecio

apartabas el brazo de tu abuela, por dos veces, de tu hombro, he visto en ti a todos esos niños prepotentes, maleducados e irrespetuosos hacia las personas mayores, que hoy en día abundan en nuestra sociedad. A las personas mayores hay que respetarlas siempre y, si encima son de tu familia, se las respeta más y se les demuestra un cariño que tú no has demostrado. Te diría que, si esta actitud la hubiera visto en mis hijas, habrían recibido un castigo. Pero, gracias a Dios, mis hijas jamás se han comportado como tú y han querido, respetado y protegido a su abuela como es debido.

Me preocupa pensar que algún día tú llegarás a reinar en el país donde vivirán mis nietos. Si has demostrado tan poco respeto hacia tu abuela, ¿qué respeto vas a demostrarle al pueblo que reinarás?

Has seguido el mal ejemplo de tu madre, pero a mí ella no me preocupa, no deja de ser reina consorte. Una mujer que ha demostrado no estar a la altura del cargo que tiene, se le queda demasiado grande.

Tu abuela ha llevado con una dignidad enorme su papel de reina. Aprende de ella. Te irá mucho mejor que seguir el ejemplo de tu madre.

Hago mías estas palabras.

El incidente entre las reinas no era para la crónica rosa

El ilustre periodista José Antonio Zarzalejos vio así el triste incidente:

Pudo pasar desapercibido pero, finalmente, se ha convertido en noticia política. El vídeo de la «tensa» situación que se produjo entre la reina Letizia y doña Sofía el pasado domingo de Resurrección al concluir la misa de Pascua en la catedral de Mallorca, no solo se ha hecho viral, sino que ha creado un serio problema de imagen a la familia real. Después de que los diarios digitales publicasen las imágenes, los periódicos impresos propiciaron un sesgo diferente al incidente. Algunos medios internacionales se hicieron eco de este desagradable episodio que, al parecer, la reina «lamenta muchísimo».

El Mundo apostó su imagen de portada (cuatro columnas) a recoger el momento en que la reina Letizia obstaculiza la fotografía de la reina Sofía con sus hijas. Titula sin eufemismos: «Manotazo real». La información aparece a una columna en la sección de España. Por su parte, *El País* también se hace eco de la discusión entre las dos reinas en la sección de política, publica una captura del vídeo y titula: «Tensa escena entre la reina y doña Sofía en la misa de Pascua». Por fin, hasta el diario *ABC*, si bien en una sección de informaciones ligeras, ofrece todos los detalles de la aparente discusión entre la reina y su suegra, subrayando que el vídeo «se ha hecho viral».

En todas las crónicas se recoge la perplejidad de don Juan Carlos y la intervención del propio don Felipe. También todos los medios se hicieron eco de las declaraciones de Marie-Chantal Miller, esposa de Pablo de Grecia, sobrino de doña Sofía, al periodista español Martín Bianchi de la revista *Vanity Fair*, en línea con el tuit que hemos reproducido: «Ninguna abuela se merece ese trato», añadiendo que la reina Letizia «ha mostrado su verdadera cara». La Casa del Rey guardó un sepulcral silencio ante unos hechos insólitos por su indiscreción y por el desvelamiento de tensiones entre los miembros de la familia real.

Hay que recordar que la tensión entre las dos reinas se produjo cuando don Juan Carlos asistía por primera vez desde su abdicación a la misa de Pascua en Mallorca. Personas próximas a la Casa Real consideran que este incidente entre doña

Letizia y doña Sofía «no es de crónica rosa, sino que puede adquirir una cierta gravedad porque destapa definitivamente la sobreprotección de la reina Letizia a sus hijas, hasta el punto de desconocer que la princesa Leonor es la heredera de la Corona y tiene el peaje de una fuerte exposición pública, le guste o no a su madre».

Pero al margen del debate sobre la educación que la reina imparte a sus hijas y su afán «excesivo e innecesario», según estas fuentes, por sustraerles del circuito mediático, lo que ha causado más inquietud ha sido la forma explícita y pública de la discusión entre la reina y su suegra, que se suponía hasta ahora estaban bien avenidas. Se atribuye a doña Letizia «falta de experiencia» en evitar este tipo de situaciones y una «excesiva rigidez» que le lleva a «excesos inconvenientes». Desde otras fuentes se asegura que a la reina «no se le perdona nada» y que «hay gente que le tiene ganas».

El incidente ha roto la armonía aparente de la familia real —reducida a los reyes, los reyes eméritos, la princesa de Asturias y la infanta Sofía— y se ha conectado con las desavenencias más amplias sobre el trato de don Felipe y doña Letizia a su hermana y cuñada, respectivamente, la infanta Cristina a propósito del caso Nóos.

«La reina necesita ser más empática, menos hierática, más natural y menos controladora», reiteran las fuentes próximas a la Casa Real. «La Corona es una institución familiar que debe actuar públicamente como tal y proyectar un clima de avenencia y buen entendimiento entre sus miembros.» También subrayan la necesidad de que «ningún gesto de esta u otra naturaleza se improvise, que los posados ante los medios estén debidamente planificados y que cada cual asuma correctamente su papel».

Los reyes, también según fuentes de la Casa Real, «deben estar al cabo de la calle de que los medios no silencian ya ningún acontecimiento que afecte, para bien o para mal, a la familia real» y la demostración de ello «sería la amplitud con la que se ha reflejado el incidente entre las dos reinas, la localización muy visible en los periódicos, en las webs, el número de visualizaciones del vídeo de Mallorca y las reacciones masivas en las redes sociales, repletas de memes y abiertamente críticas con este episodio». Todo eso debería ser un aldabonazo para que se eviten situaciones bochornosas como la ocurrida el domingo de Resurrección y se paute cuándo, dónde y cómo debe comparecer en público la princesa de Asturias y «comenzar a adelantar ya cuáles van a ser los hitos de su formación como heredera de la Corona». El rey tiene un problema más y, según personas próximas, «no es de carácter menor».

Letizia, una vez más, se retrata

Con este título, yo publicaba en *El Mundo* el siguiente artículo:

El triste y lamentable incidente de Letizia contra la reina Sofía a las puertas de la catedral de Palma, no me ha sorprendido en absoluto. No olviden ustedes que yo fui la primera víctima de su mal carácter y su mala educación en vísperas, incluso, de su boda, y de la que ya hemos hablado.

Desde entonces, varias han sido las ocasiones en la que esta consorte ha puesto de manifiesto su incalificable manera de ser. Incluso contra su suegra, la reina. Nunca agradeció su ayuda en los primeros pasos de su matrimonio (¡gran error de haberse casado con quien quería, pero no con quien debía!). Doña Sofía, sobre todo, intentó ayudar a su hijo que tanto le apoyó en las crisis de su matrimonio.

Aunque la reina emérita ha tenido siempre un comportamiento discreto, varias han sido las humillaciones recibidas de su nuera. No hace mucho, llegó a comentar a un grupo de familiares que Letizia no le dejaba ver a sus nietas. Y estas, en el colegio, que mamá no les dejaba ver a la abuela.

Para la inefable, la única abuela es su madre, Paloma.

Lo que ha sucedido en Palma es consecuencia, por un lado, de lo poco que le gusta a ella Mallorca. Incluso ha llegado a declarar a la prensa que no es un lugar ideal para las vacaciones. Al parecer le gustaba más Benidorm, donde veraneaba con su abuelo el taxista.

Lo que más ha sorprendido de lo sucedido en la catedral es la actitud del rey Felipe, un hombre bueno sin esfuerzo pero que, al parecer, le tiene pánico a las reacciones de su esposa. No solo debería pararle los pies a su mujer sino también impedir que su hija Leonor tenga malos modos con su abuela, a quien se le vio apartando violentamente la mano de su abuela posada sobre sus hombros.

Y también en *El Mundo* publicaba este otro:

FELIPE, ¡DIVÓRCIATE!

No lo digo yo aunque, hoy, pueda pensarlo. Como lo piensa doña Julia Romero Sánchez, en una carta a propósito de mis artículos y comentarios sobre el bochornoso incidente del Domingo de Resurrección en la catedral de Palma: «¡Divórciese y dele dignidad a su madre que no está por debajo, ni mucho menos, de su mujer sino muy por encima!».

No es la primera vez que la palabra divorcio se emplea refiriéndose a Letizia. Se habló en altas instancias de la posibilidad de un divorcio que habría de tener lugar antes de la abdicación, según la querida compañera Ana Romero. Y la palabra «divorcio» la utilizó igualmente el rey don Juan Carlos en un enfrentamiento que tuvo con su hijo, en el mes de agosto de 2013. Sucedió en el Palacio de Marivent. Felipe y Letizia habían estipulado con la Casa un régimen estricto de días de vacaciones en

Palma, ese lugar que la consorte odia tanto. Esta decisión «saltó por los aires cuando el rey Juan Carlos pidió a su hijo que se quedaran unos días más... Quería disfrutar de sus nietas. El entonces príncipe, incapaz de desobedecer a su padre, estuvo de acuerdo. Ella, por supuesto, no. Dijo que se habían comprometido a irse un día concreto y que ella, con él o sin él, se iba. Y se piró a Madrid».

No se supo, entonces, si se había ido esa misma noche, a última hora o en el primer avión de la mañana. Pero sí que se fue abandonando a sus hijas, a su marido y, por supuesto, a sus suegros en Marivent para que continuaran las vacaciones sin ella.

A consecuencia de aquel desplante, me contaron que la discusión entre el rey y su hijo fue tensa y dramática hasta el extremo que, en un momento determinado, don Juan Carlos le gritó al príncipe: «¡Felipe, divórciate!».

Hasta Almudena Martínez Fornés del monárquico *ABC* escribía entonces: «El príncipe de Asturias ha reanudado sus vacaciones tras un paréntesis de cuatro días y en medio de fuertes rumores de crisis matrimonial». Y el querido y viejo compañero de este periódico, Raúl Del Pozo, ponía el dedo en la llaga de las difíciles relaciones del matrimonio en un artículo titulado «Avería de los príncipes», que finalizaba así: «Asturiana, rebelde y ambiciosa, menospreciada por el rey y las infantas, se negó a continuar la historia masoquista de las reinas de España. Sigue siendo hermosa, es decir peligrosa, pero debiera saber que su vida privada es una crónica electrónica y que su matrimonio puede tronar por los aires».

Y el historiador Fernando de Meer puntualizaba algo que parece escrito hoy, después del accidente de Palma: «Letizia no tiene derecho a poner mala cara o a enfadarse en público».

Y hablando de divorcio, se desconocen las cláusulas de las capitulaciones que se firmaron cuatro meses antes de la boda y que, a juicio de David Rocasolano, abogado y primo de Letizia, a quien consultó antes de firmar, «lo que aquí se expresa respecto de la custodia de menores, no tiene validez. Yo que tú no firmaba», le informó. Pero el príncipe Felipe les dijo: «Las capitulaciones son innegociables. Hay que firmarlas como están redactadas. No se puede cambiar ni una coma». Y Letizia firmó porque «aquí estamos a lo que estamos... Esto no es un rollo de amor».

PEOR QUE IÑAKI

Lo es, por el impacto popular de la desagradable escena entre suegra y nuera a propósito de la relación entre abuela y nieta sucedida en la catedral de Palma de Mallorca. El incidente se ha convertido, desgraciadamente, en eso que se llama hoy «viral» o «trending topic». Tal cosa no sucedió ni cuando los duques de Palma y sus problemas con la justicia. Ni tan siquiera con la infanta Cristina en el banquillo. Por todo ello, no es gratuita ni excesiva la comparación entre los dos consortes, porque «Letizia es un cuerpo tan extraño en la familia real como Iñaki», según el compañero Rubén Amón. Y mucho más peligroso. La sociedad no le va a perdonar el tremendo feo «a la madre tan querida de tu marido, abuela de tus hijas y reina de España antes de que tú fueras esposa, madre y consorte del rey», en palabras de Luz Sánchez-Mellado. Pienso que Letizia, independiente de ser una maleducada, violenta y agresiva, es una inestable (empleo la palabra como un atenuante).

Lo que más ha desagradado a los españoles, sobre todo a millones de abuelas, ha sido la actitud de Leonor, digna hija de mamá en su actitud con la abuela de quien Letizia intentó ¿proteger? de esa forma, «como si fuera un perro de presa». ¡Ay, esas niñas! ¡Ay, esa madre!

La Casa Real hubiera querido censurarlas

No hay duda que el vídeo de la catedral de Palma de Mallorca es el más espinoso y polémico de la familia real en los últimos años. Desde la perspectiva que brinda la escena original, *El Español* de Pedro Jota Ramírez estudió, plano a plano, todos los movimientos que se produjeron en el enfrentamiento entre suegra y nuera: el intento de doña Sofía (80) pretendiendo posar con sus nietas; el evidente obstáculo por parte de Letizia (45); la dubitativa reacción del rey Felipe (50) y el gesto de asombro y consternación del rey Juan Carlos (80).

La opinión pública se preguntaba: ¿cuál es el origen de aquellas imágenes? ¿A quién correspondía la autoría? *El Español* pudo confirmar que la autoría de las impactantes y escandalosas imágenes correspondían a... Televisión Española, a un *pool* TVE/FORTA y a la Agencia EFE.

Según se pudo saber, un alto cargo de la Zarzuela (Jaime Alfonsín, jefe de la Casa de Su Majestad o Jordi Gutiérrez, jefe de Prensa) echaron la gran bronca al Presidente del Ente, José Antonio Sánchez, el gran censor de todo aquello que se refiera a la Casa Real (lo sé por experiencia), por haber permitido la difusión «en bruto», sin realizar la limpieza habitual de las imágenes que se acostumbra en este tipo de acontecimientos institucionales. La Agencia EFE de Palma de Mallorca informaba al periódico digital que «la autoría del vídeo era de todos»: es lo que en el argot periodístico se conoce como un *«pool»*: en la catedral entró solo un cámara y las imágenes se distribuyeron a todos los medios.

Pero la Agencia EFE Madrid devolvía la pelota al tejado de TVE: «A nosotros nos llegaron directamente desde TVE y lo subimos a nuestra web para que lo descargaran nuestros clientes, en este caso, todos los medios de comunicación, incluyendo las televisiones».

Esta polémica ha demostrado la censura, encubierta, que

practica la Casa Real. En el caso que nos ocupa, las imágenes del polémico vídeo pasaron inadvertidas para la Zarzuela, aunque estuvieron colgadas nada menos que dos días. Fue un espectador del programa catalán *Arucitys* quien advirtió lo que nadie en la Casa Real ni en la agencia oficialista había visto: entre la reina que fue, la reina que es y la reina que será (doce años) había más que palabras.

En el seno de la Casa del Rey son conscientes que el inadmisible despiste de la distribución de estas imágenes sin «limpiar», sin censurar, al viejo estilo franquista (tan solo era necesario eliminar los últimos ocho segundos) pasará una factura permanente a la Corona española. Mucho se teme que, por culpa del vídeo, habrá un antes y un después en la opinión de los españoles sobre lo que queda de la familia real.

PARIPÉS REALES
Y MÁS ERRORES

El paripé real

Horas después del lamentable y bochornoso espectáculo protagonizado por la familia real en la catedral de Palma de Mallorca, la periodista Pilar Urbano contactó con la Zarzuela, preguntando su opinión sobre lo sucedido.

Después de reconocer que «aquello» no estuvo bien hemos entendido y tomamos nota. Sería incomprensible que no se hiciera algo. La gente lo espera. Pero será algo natural, como natural fue la escena del vídeo. Es decir, no se va a forzar ni a organizar nada. Pero habrá una respuesta porque ha habido un suceso «inadecuado» de 8 o 10 segundos, pero lo ha habido.

La respuesta anunciada no se hizo esperar, conscientes de que era urgente atajar el escándalo. Cualquier cosa se podía esperar menos lo que se vio aquel sábado 7 de abril, a las 18 horas, cuando doña Sofía, su hijo Felipe y la nuera Letizia llegaron al

Polémica fotografía del ridículo paripé de la reconciliación y lavado público de la familia, tras el violento incidente de la catedral de Palma.

Hospital Universitario Sanitas La Moraleja. Él, al volante; su inefable esposa, en el asiento del copiloto; la reina emérita, en el asiento posterior, con sus dos nietas, Leonor y Sofía.

Hasta aquí todo, poco más o menos, normal dentro de la anormalidad que se vivía después del incidente de la catedral. Ignoro quién o quiénes fueron los «genios» que organizaron la ridícula operación «reconciliación» y lavado público de la familia. Porque ridículo y sorprendente fue ver a una diligente Letizia descendiendo, como una centella del coche, para... abrir la puerta a su suegra. Tal cosa no la ha hecho nunca ni el rey Juan Carlos con su esposa ni Felipe con la suya. Para eso están los escoltas, pienso yo.

No era necesaria tal humillación. Pero... si queréis que me humille públicamente, que me ponga de rodillas, lo hago. Eso parecía preguntar Letizia, al tiempo que mantenía sujeta la portezuela del coche del que descendía doña Sofía, sin mirar al improvisado postillón o «gorrilla», como dirían en Andalucía.

El paripé me ha recordado, por su carga de gratuita humillación, a la que Rafael Spottorno y Javier Ayuso sometieron al rey Juan Carlos en otro hospital, como ya hemos recordado anteriormente. Le «obligaron», como hoy a Letizia, no solo a pedir perdón por lo de Botsuana, sino a algo peor incluso que lo de la consorte, prometer que no lo volvería a hacer.

Ignoro si la inefable ha prometido también, al menos públicamente, comportarse de forma más respetuosa con su suegra.

Aunque a ustedes les sorprenda, en este caso la humillación a Letizia me pareció gratuita y también el paripé real, como si los españoles fuéramos menores de edad. Mejor haberlo dejado, porque hay cosas que con azúcar están peor, e intentar comportarse todos con ejemplaridad, al menos públicamente, es razón fundamental de la existencia de las monarquías.

Solo me queda hacer la pregunta que me transmitieron algunos lectores: ¿fue informado don Juan Carlos, que estaba en la UVI, de la llegada de este grupo familiar?

No puedo por menos que traer aquí aquella otra ocasión en la que, estando el Rey también en el hospital, convaleciente de la caída en el safari sudafricano, a doña Sofía no se le ocurrió otra cosa que llevar a toda la familia, incluido Iñaki Urdangarin, a ver a papá. Nunca se vio mayor tensión familiar (ríanse ustedes del incidente en la catedral de Palma) con una reina ofendida por lo de la «entrañable» acompañante de su marido en Botsuana; un rey avergonzado; un Iñaki a quien no se le permitió acercarse al lecho del dolor del Rey; un Felipe intentando evitar al cuñado y a una Letizia cabreada por la presencia de Cristina, la cuñada, apoyada en el quicio de la puerta de la habitación y la mano en la cadera gritando «¡Vámonos, ya!». (Me lo contó una sanitaria testigo de aquella surrealista visita familiar.)

Otro paripé real

Si el 7 de abril España se sorprendía con la *mise en scène* en la puerta del hospital La Moraleja para lavar la deteriorada imagen de la familia real, tras el bochornoso espectáculo de Letizia humillando a la reina Sofía en la catedral de Palma, diecisiete días después se repetía el paripé con otra *mise en scène*, en este caso en la escalinata del palacio de la Zarzuela. También para atajar y desmentir un ridículo rumor, *made in Germany:* una prestigiosa revista alemana publicaba con gran despliegue de caracteres que Felipe y Letizia se divorciaban.

Los periodistas alemanes habían oído campanas sin saber dónde sonaban. Con motivo de la reciente crisis familiar, se habló, se escribió y se especuló, posiblemente en demasía, sobre la actual situación sentimental de la pareja real. Se diga lo que se diga, esta no pasa por su mejor momento. Cierto es que los ha habido peores, como aquel mes de agosto de 2013, en Marivent, del que ya hemos hablado, cuando Letizia, llevada por ese genio y carácter tan endiablado, dejó plantados a Felipe, a sus hijas y a los reales suegros para regresar en solitario a Madrid.

Fue entonces cuando se dijo, ante la situación del matrimonio, eso tan vulgar y espontáneo de ¡divórciate! Este incidente matrimonial se recordó con motivo del enfrentamiento catedralicio. Posiblemente, de ahí debió haber salido la «información» de la que había bebido la prensa alemana.

De todas formas, parece ridículo que Felipe y su esposa decidieran protagonizar un posado, otro paripé, en la escalinata del palacio de la Zarzuela, aprovechando la llegada del presidente de México, Enrique Peña Nieto, aquel que se permitió corregir a Letizia en su visita oficial al país azteca. Sucedió durante el recorrido de los reyes por el Instituto Nacional de Antropología e Historia de Zacatecas, donde el presidente llamó la atención a la reina para que atendiera a la directora del museo y dejara de hablar con su esposa, Angélica Rivera, y de toquetear los objetos e incunables del museo. En cualquier caso, la pareja real quiso demostrar su buena sintonía matrimonial, con amorosos gestos y tiernas miradas por parte de la inefable consorte. ¡Eran la imagen del amor más tierno...! Si era tan perfecto, tan fuerte, ¿por qué olvidaban su propio contento con ese paripé para contentar al personal?

Viéndoles, no se podía evitar recordar otra escena en las mismas escaleras, el 18 de septiembre de 2013, protagonizada por don Juan Carlos y doña Sofía, mientras esperaban, también, la llegada de otro jefe de Estado. En aquella ocasión, se trataba del rey Guillermo de Holanda y su esposa Máxima, esa reina que los españoles hubiéramos querido para nosotros.

La situación sentimental entonces de los reyes se encontraba tan a la deriva que ni se veían ni se hablaban, aunque compartían el mismo techo, no así el mismo lecho. Aquel día, le habían comunicado al soberano que iba a ser sometido, seis días después, exactamente el día 24, a otra importante intervención quirúrgica para cambiarle la prótesis de la cadera por una grave infección que le producía terribles dolores.

Cuando el rey se encontraba en solitario, en la escalinata, esperando la llegada de sus regios invitados, apareció por sorpresa doña Sofía, que acababa de enterarse de tan mala noticia. Tímidamente, se aproximó al rey, pero, temiendo uno de aquellos gestos tan violentos y tan poco cariñosos que empleaba con su esposa, le musitó unas palabras muy tristes y humillantes: «No me rechaces», según un lector labial.

Los errores de Letizia

Vuelvo a San Agustín para hablar de Letizia. Nunca es más ella que cuando se equivoca. Es, en esos momentos, cuando su personalidad aflora en todo su esplendor.

El primer error de su nueva vida lo cometió el mismo día de la presentación en el palacio de El Pardo, cuando interrumpió a Felipe para decirle «Déjame hablar a mí...». Aunque llevaba toda la razón porque él la había interrumpido, pero no era el momento ni las circunstancias para demostrar quién era. Tiempo habría. Como lo ha habido en estos años no precisamente prodigiosos.

El error más escandaloso, el de la catedral de Palma de Mallorca, en un domingo llamado de Resurrección, resucitó lo peor de la inefable muchacha, poniendo de manifiesto los sentimientos hacia la abuela Sofía.

Hay errores que expresan una voluntad oculta, como ocurrió con el anuncio de la boda. En este caso, se quiso evitar la polémica mediática. Llovía sobre mojado. A la hora de anunciar el compromiso se tuvo muy presente lo de Eva Sannum. Escribimos tanto y tan negativamente sobre aquel noviazgo y contra la joven noruega, que permítanme que entone el *mea culpa*. Por eso se ofreció el anuncio de boda como un hecho consumado, sin posibilidad de comentario alguno. ¿Fue un error? ¿Fue un acierto? El gran error, no achacable a Felipe ni a Letizia, sino a la Casa, fue la fecha elegida. Cierto es que, cuando se anunció el compromiso, no se había producido el atentado de Atocha. Pero ese día, 22 de mayo de 2004, el país no estaba para fiestas, aunque se tratara de una boda real. Pienso que debería haberse aplazado.

Otro error que demostró la falta de sensibilidad de Letizia sobre la mayor tragedia de la historia de España, se puso de manifiesto cuatro días después del 11-M, exactamente el día 15, cuando se hacía público que el número de fallecidos en el atentado alcanzaba la dramática cifra de 191 personas. Ese día, precisamente ese, Letizia tomaba el Puente Aéreo Madrid-Barcelona para someterse a una prueba de su vestido de novia, cuando aún faltaban sesenta y siete días para la boda.

Ya que recordamos el 11-M, error, gran error fue no depositar el ramo de flores de la novia en el monumento en recuerdo a los muertos de Atocha, en vez de hacerlo en la Basílica, como es tradición, a pocos metros de allí.

Error, asimismo gran error, el incidente en el aeropuerto de Miami al regreso de una «luna de miel» anticipada en Las Bahamas, cuando la policía americana se dispuso a registrar el equipaje de la pareja. Al parecer, lo contaba la reportera local Luisa Yáñez del *Miami Herald*, Letizia, que aún no se había casado, perdió los nervios al ver que una policía femenina pretendía registrar su bolso de mano. Y mucho más cuando observó que otros policías registraban las maletas. La periodista americana relató que allí se desató lo que ella calificaba como «ira real». La muchacha ya apuntaba maneras porque, Letizia, a gritos, reprochó a Felipe que lo permitiera. ¡Ay! ese carácter que tantos disgustos le ha dado, le da y le dará, si no se controla o la controlan. ¿A veces lo intenta? Cuando tal cosa sucede es cuando se produce esa terrible dualidad que posee: una sonrisa expansiva y espontánea, por un lado, pero gélida en la expresión, por otro. Parece como si estuviera convencida de que no debe dejar entrever su personalidad sino aquello que es compatible con su papel de ser quien es. Como tal, tiene la obligación, que no siempre cumple, de atenerse al protocolo de la Casa Real, que es una barrera muy eficaz contra toda clase de agresiones, engendradas por el desenfado, la familiaridad con quien no debe y la mala educación. A buen entendedor...

Otro de los errores de Letizia se refiere a su relación con las cuñadas. Su entrada en la familia fue como la de un elefante en una cacharrería arrollándolo todo, empezando por las infantas que también eran de padre y señor mío. Le faltó mano izquierda para ganárselas poco a poco, sin tener en cuenta que la prisa engendra el error en todo y del error sale, muy a menudo, el desastre, que diría Heródoto. ¡Ay!, Letizia, no se hace siempre lo que conviene.

Es bueno mirar dos veces para ver lo justo y solo una vez para ver lo bello. La belleza de Letizia era, cuando se anunció su boda, una belleza natural que no saciaba, aunque resultaba un poco convulsiva, un poco agresiva y nada dulce. Por ello sorprendió que, el mismo día que se produjo el atentado de Atocha, se vio obligada a comparecer junto a la familia real, intentando cubrirse el rostro como pudo porque había cometido el error, el gran error, de comenzar sus retoques, culpando de ello a su rinoplastia y demostrando la obsesión que tiene por su aspecto físico. Hoy, nada que ver con la mujer de ayer. Aquel rostro de la presentadora de los informativos de la 1 ha perdido frescura por culpa de ¿cirugía estética?, ¿liposucciones?, ¿liftings?, ¿rejuvenecimiento celular?, ¿infiltraciones? Que de todo se ha hecho esta muchacha, demostrando una cierta frivolidad y poca seguridad en sí misma. Otro error.

La manía persecutoria de Letizia se convirtió en trastornos graves, como sus obsesiones y desconfianzas, que le han llevado a comportamientos impropios de quien es. Sucedió un día de la cabalgata de Reyes cuando, al advertir que una reportera estaba fotografiando a sus hijas desde la acera de enfrente, cruzó la calle intentando arrebatarle la cámara.

También en el exclusivo Club Puerta de Hierro, obligó a sus escoltas que le pidieran a una señora que borrara las fotografías que acababa de hacerle a sus hijas que se habían acercado a una fiesta infantil de las nietas de la dama. Ejemplos de esta obsesión por sus hijas y su privacidad hay miles.

Error, para el *ABC* «una decisión discutible», fue depositar las células madre de Leonor en la empresa norteamericana CBR, en contra de la normativa actualmente vigente de hacerlo, de una forma altruista y desinteresada, en España.

Desde el primer momento de su presencia en la familia real, Letizia se propuso controlar todo lo referente a su nueva vida, por encima del propio Felipe y del protocolo de la Casa, sabiendo lo que convenía o no a su imagen. Como periodista que había sido, sabía que las fotografías del almuerzo privado, ofrecido por los entonces reyes Juan Carlos y Sofía en la Zarzuela, tras la ceremonia de presentación en el palacio de El Pardo, tenían un gran valor para ella. Demostraban la buena relación entre las dos familias, los Borbones y los Ortiz Rocasolano. Estas imágenes privadas, realizadas por el fotógrafo de la Casa, aparecerían en *Hola* ante la sorpresa e indignación de la Zarzuela, que había negado la presencia de la prensa por tratarse de un acto privado. De la filtración se culpó al primo David Rocasolano, pero había sido la propia Letizia quien cometió el error de facilitarlas a la revista.

Otro gran error fue reconocer a un grupo de periodistas que cubría los veranos reales en Marivent, que «Palma no es un lugar ideal para las vacaciones», lo que indignó, con razón, a los mallorquines. Como indignados estuvieron altos jefes de la Armada cuando, el 16 de julio de 2013, festividad de la Virgen del Carmen, Letizia apareció en el solemne acto de jura de bandera de los nuevos cadetes, en la Escuela Naval de Marín, presidido por Felipe, con uniforme de gran gala de capitán de fragata, vistiendo de «trapillo»: un vulgar pantalón pitillo de color vino y una camisa liviana. Oficiales de la Armada me hicieron llegar su indignación por tan informal atuendo de la consorte.

¿Es que en la Zarzuela no hay una persona capaz de aconsejarle como debe vestir? Las hay, pero o no se atreven o no se deja.

Todos sabemos que la biografía de Letizia es como la de Jesucristo, que se conoce a partir de los treinta años. Mejor dicho, desde que apareció en la vida de Felipe. Por eso, los errores comentados anteriormente, que haberlos los hay, no son ni siquiera incumbencia de su marido y, mucho menos, de la opinión pública y de la publicada, solo y exclusivamente de ella, víctima de su carácter.

Los errores de la reina Sofía

Dicen que doña Sofía, aunque no tiene el corazón de acero, difícilmente deja adivinar sus sentimientos. Pienso que eso ocurre, tan solo, de puertas hacia fuera porque en su hogar, los problemas de su vida, como le ocurre a cualquier mujer, sí que deben afectar a la convivencia y a la estabilidad emocional, incluso con sus más directos colaboradores y el servicio. Sé, por testimonios personales de quienes han trabajado para ella, que no es una «patrona» difícil y que se muestra bastante humana en las relaciones con la gente y con quienes la sirven. Aunque practica la regla de oro de la familia real británica: «¡Por amor de Dios, nunca delante del servicio!».

Bien es cierto que se han producido situaciones en las que ha aflorado el carácter heredado de su madre, que han dejado algún que otro «cadáver». Como el del peluquero Isaac Blanco, el primero en ocuparse de la cabeza de doña Sofía, cuando aún era princesa. Aquellos eran otros tiempos. La Zarzuela era un chalecito sin la amplitud ni las comodidades de hoy. El día de «autos», y por algún problema en el palacete, se le indicó al señor Blanco, toda una estrella, el más importante «fígaro» que entonces había en Madrid y que venía peinando a doña Sofía desde que había llegado a España, que accediera al interior de la Zarzuela, no por la puerta principal, como hacía todos los días que se le llamaba, sino por la puerta de servicio. Aquello no le gustó ni mucho ni poco al señor Blanco, que se sintió humillado. Y así lo hizo saber. Doña Sofía tomó sus medidas para castigar la insolencia de su peluquero. ¡Qué se habrá creído que es...!, pensaría porque, en la siguiente ocasión en la que se le requirió y de una forma muy intencionada, ordenó no solo que entrara por la puerta principal sino que encendieran todas las luces. Fue el último día. No volvieron a llamarle jamás. Contrataron entonces a Fausto Sacristán. ¡Qué manera tan cruel y sibilina de castigar a quien había osado criticar sus decisiones!

Sospecho que cuando comenzaron los problemas en la vida familiar por la crisis del matrimonio, los primeros afectados fueron quienes más íntimamente trataban con la reina. Y es que aquellos años y los de ahora no han sido fáciles en la Zarzuela. Muchas son las tensiones que se han vivido y se viven. De toda índole, porque doña Sofía, que es hija de su madre pero que también ha aprendido de sus errores es, por el contrario, una mujer segura y firme, aunque sin voluntad de poder político. No obstante, cuando tiene que opinar ¡vaya si opina! Y sufrir... como la que más. Situaciones ha habido en la familia que le han afectado tan profundamente que ha llegado a confesar a personas de su entorno haber perdido nada menos que dos kilos de peso, dos kilos, en un solo día.

A veces, pierde los papeles y la profesionalidad, imponiendo su devoción a la obligación. Así sucedió con Rafa Nadal y su primer gran triunfo en Roland Garros, como veremos más adelante. También con su pasión por la música clásica y su admiración y amistad por el músico ruso Rostropovich, por quien llegó, incluso, a interrumpir un viaje oficial a Estados Unidos, concretamente a California, para asistir, no ya a un concierto del famoso violonchelista, sino a una simple lección magistral que daba en Madrid. Para que pudiera estar presente, hubo que enviar a Los Ángeles un avión a recogerla. El rey continuó la visita programada sin su compañía. Y es que, en esta ocasión como en otras muchas, doña Sofía imponía su real capricho.

Cierto es que siempre se ha culpado a don Juan Carlos de ser el causante de todo lo malo que ha sucedido en la relación con su esposa y el responsable del fin del matrimonio. Pienso que no solo él. También ella puede que tenga cierta culpa en la erosión de la convivencia. Quizá, en los pequeños detalles. Siempre se ha echado la culpa de los retrasos reales a don Juan Carlos. Y no es cierto. La mayoría de las veces en la que acudían juntos a actos oficiales, la reina era quien se retrasaba. Al rey le molestaba tanto esa descortesía que era motivo de muchos enfados, algunos, incluso, en público. «Yo hago lo que puedo ya que si, en un sitio, esperan a los reyes a las doce y cuarto, los reyes deben estar allí a las doce y cuarto y no a las doce y veinticinco o doce y treinta», le confesó a José Luis de Vilallonga en su libro *El Rey*.

Don Juan Carlos temía tanto a los retrasos de doña Sofía que en una ocasión, con motivo de las bodas de oro de sus padres, los condes de Barcelona, le pidió a su esposa que, como la misa que iba a celebrarse estaba fijada para las doce, al menos por una vez, por esa sola vez, fuera puntual. La reina le escuchó, de buen o mal grado, que eso yo no lo sé, pero a las once en punto se presentó ante su marido totalmente arreglada, al tiempo que, con ese cáustico y provocador sentido del humor de que a veces hace gala, le decía:

—Juanito, yo ya estoy.
—No me lo creo —fue la respuesta de don Juan Carlos.

¡Ay! Esos pequeños detalles que acaban arruinando y haciendo imposible la convivencia diaria.

Estos pueden ser algunos de los grandes o pequeños errores cometidos por doña Sofía en todos los años de su matrimonio, pero hay bastantes más. El más importante, posiblemente, su boda con «el chico de los Barcelona», pero cito aquí los que me parecen más relevantes:

1. Haber perdonado excesivas veces las numerosas infidelidades del rey.
2. Haber tolerado los malos modos que el rey, públicamente, ha mostrado con ella.

3. No haberse divorciado en su momento.

4. Aquella huida a la India con sus hijos, para llorar en el hombro de su madre.

5. Haber transgredido demasiado con sus hijos.

6. El apoyo incondicional a su hijo, por encima del rey Juan Carlos.

7. Haber aceptado la «plebeyización» de la monarquía con la boda de Felipe y Letizia.

8. Haber amparado y protegido la boda, a pesar de que la primera decisión del rey Juan Carlos fue no autorizarla. La actual situación de la familia demuestra que ha sido un error.

9. Haber intentado ayudar inútilmente a Letizia para que el matrimonio funcionara cuando, como se ve en demasiadas ocasiones, no funciona. «Si no hay manera, si no atienden a razones, ¿qué vas a hacer? pues acoger a la nuera y al yerno en tu familia y ayudar a que el matrimonio funcione» (doña Sofía *dixit* a Pilar Urbano en el libro *La Reina*, que ya he mencionado en varias ocasiones).

10. Haber defendido siempre a Iñaki Urdangarin por aquello de que es «un chico bueno, bueno, buenísimo y con un gran fondo moral».

11. Haber viajado a Washington en pleno escándalo para respaldar a la infanta Cristina y a su marido.

12. La portada del *Hola*, posando con su hija y su yerno, cuando este ya había sido apartado de la familia por conducta no adecuada.

13. No solo permitir sino acompañar a Iñaki a visitar al rey Juan Carlos en la clínica, tras el accidente de Botsuana.

14. Permitir la presencia del yerno en la Zarzuela el día de Nochebuena, sabiendo la situación existente entre este y su hijo Felipe.

15. Viajar a Ginebra para ver a los Urdangarin, de manera pública y no haberlo hecho de forma discreta.

16. Haber antepuesto el papel de madre y abuela al de reina, contradiciendo lo que siempre ha dicho: «Mi vida, es la vida del rey. No tengo otra vida. Yo no tengo un estatus propio como reina. El rey es él. Lo mío es ayudar, lo mío es servir».

17. El apoyo público a su hija Cristina, sin tener en cuenta el daño que estaba haciendo a la institución, al rey y a la familia real, y su deseo de mantener, si no unida, al menos reunida a la familia. ¡Qué ingenua es Su Majestad!

18. Haber aceptado participar en el paripé a la puerta del hospital La Moraleja, después del violento y grave incidente de la catedral de Palma de Mallorca.

La reina Sofía con su hija Cristina, su yerno Iñaki y sus cuatro nietos en Washington, adonde viajó en abril de 2012, para el cumpleaños de Miguel. Hacía cinco meses que no los veía, concretamente desde noviembre de 2011, cuando apareció en la polémica portada de *Hola*.

FAMILIA GRIEGA
Y AMISTADES

En España solo tiene a su hermana

Cuando yo visitaba la Zarzuela en la época del rey Juan Carlos, siempre percibía, como una sombra, a la princesa Irene, quien hacía y hace un supremo esfuerzo por pasar desapercibida. Incluso cuando acompaña a su hermana la reina o a la familia, siempre ocupa un asiento lateral y evita a la prensa.

Aun siendo la única hermana de la reina y princesa de Grecia y Dinamarca, no le gusta ser ni vista ni conocida. Vive silenciosamente en la Zarzuela, donde tiene su propio apartamento, del que no sale por no molestar.

El pasado mes de abril, el Consejo de Ministros le otorgó la nacionalidad española por «carta de naturaleza». Esta fórmula se concede a criterio del Gobierno cuando concurren circunstancias excepcionales y se aprueba mediante un decreto donde se especifican los motivos. Según la querida compañera Consuelo Font, la princesa Irene tenía ya su residencia habitual en Madrid, solo faltaba que jurara o prometiera la Constitución. «Lo cumplirá de manera discreta, como todo lo que hace», a juicio de Mabel Galaz.

Fue la única de los tres hijos de los reyes Pablo y Federica que no nació en Grecia, el país del que sus padres serían reyes, sino en Sudáfrica, donde la familia real helena se encontraba exiliada durante la Segunda Guerra Mundial. Federica cuenta en sus *Memorias*: [24]

> Durante dos meses vivimos en el palacio del Gobierno sudafricano. Después nos trasladamos a un pequeño bungaló que, anteriormente, se había utilizado como cuadra. Olía tremendamente a caballo y a paja. Abandonamos precipitadamente aquella vivienda cuando una noche saltó una rata sobre mi tocador y un burro metió la cabeza por mi ventana. Debido a mi avanzado embarazo, todo esto me deprimía bastante.

En aquel horrible exilio, vino al mundo su hija menor, Irene. Era una niña inquieta, sensible, inteligente, bonita e ignorada. Doña Sofía recuerda que, de niños, quienes más regalos recibían eran su hermano Constantino, el heredero, y luego ella, por ser la mayor. A Irene ni las raspas. «A mí me traía frita porque quería hacer todo lo que yo hacía, vestirse como yo, ir donde iba yo. Harta ya, a veces le decía ¡anda, rica, déjame un ratito en paz!»[25]

En noviembre de 1953, el presidente Eisenhower invitó a los reyes de Grecia a una visita oficial a Estados Unidos. En una recepción organizada por el candidato demócrata a la presidencia, Adlai Stevenson, este se dirigió al rey Pablo en estos términos:

24. Federica de Hannover, *op. cit.*
25. Pilar Urbano, *op. cit.*

Estoy muy contento de ver a vuestras majestades, pero me hubiera gustado que os acompañara vuestra hija menor, la princesa Irene, con la que, en mi visita a Tatoi, mantuve una conversación interesantísima. Al preguntarle cuál era su animal preferido me contestó, para mi consternación, que lo lamentaba, el elefante, símbolo del partido republicano mientras que el burro lo es de mi partido, el demócrata. Lo sé, pero es así. ¿Qué quiere que haga?

Irene tenía solo diez años.

A sus setenta y cinco años, y según Mabel Galaz, Irene no es una princesa al uso. No le gusta el lujo y prefiere la vida sencilla, «vestida de negro y peinada con su inconfundible moño bajo que se hace cada día».

A la muerte de su madre en 1981, Irene se traslada a vivir a Madrid con su hermana y confidente. En la Zarzuela, se convirtió en una tía muy querida por sus sobrinos, en esa tía solterona que todos aman. Desde Elena a Cristina pasando por Felipe, quien la bautizó con el nombre de «tía Pecu», por su personalidad tan peculiar. No en vano es la excéntrica y rebelde de la familia. Pero, aunque a ustedes les extrañe, no muy diferente de su hermana Sofía. Como ella, lleva una dieta que excluye muchos alimentos. Ninguna de las dos llega a ser vegetariana, pero no comen carne; son apasionadas de las ciencias ocultas, los ovnis, la música clásica y la arqueología.

Juntas, al alimón, escribieron, entre 1959 y 1960, dos libritos sobre las excavaciones en el palacio griego de Tatoi que fueron publicados en un solo volumen con el título *Cerámicas en Decelia*.

Desde que Irene se instaló en la Zarzuela, se convirtió en el paño de lágrimas y testigo de la desgraciada vida matrimonial de su hermana, lo que no le ha impedido tener una buenísima relación con su cuñado don Juan Carlos. En 1989, este le ayudó no solo a que muchos ganaderos amigos del rey le donaran las vacas que Irene deseaba regalar a la India, sino a conseguir un Boeing que el presidente francés François Mitterrand le facilitó para que pudiera llevar a aquel país las setenta y dos reses que había conseguido.

¡Ay!, la India, ese lejano país en el que sus habitantes son tan pobres que únicamente son dueños del aire, el cielo abierto, el sol, la luna y las estrellas. Con sabiduría de siglos y siempre sonrientes, recibieron y por dos veces, la visita de don Juan Carlos y doña Sofía. La primera, en febrero de 1974, cuando todavía eran príncipes, y la segunda, en enero de 1982, siendo ya reyes.

En estos dos viajes, a los que les acompañé dentro del séquito informativo, visitamos la ciudad de Madrás, a orillas del golfo de Bengala, como si se tratase del santuario de una peregrinación. Y es que allí vivían, retiradas y dedicadas a la meditación trascendental, la suegra y la cuñada de don Juan Carlos, la madre y la hermana de doña Sofía: la reina Federica y la princesa Irene.

Todavía recuerdo el rostro de sorpresa del entonces príncipe, cuando, en el primer viaje oficial a la India, después de haber visitado Arabia Saudí y Filipinas, se encontró, al pie de las escalerillas del avión, a la reina Federica, vestida con un sari y sandalias doradas, y a Irene con otro sari, muy bien llevado, collares de flores en el cuello y, en sus respectivas frentes, el lunar rojo que lucen las mujeres hindúes. Con la clásica actitud oriental de respetuosa sumisión, recibieron a los reyes.

Pero, lo que más llamó la atención fue la acompañante de Irene, una bellísima joven a quien llevaba de la mano. Cuando fue invitada por su hermana Sofía a subir al coche, la princesa se negó prefiriendo quedarse con su amiga. Ante aquel espectáculo, el propio jefe de la Casa del Rey, el marqués de Mondéjar, me sugirió mejor no publicar esa fotografía ni hacer comentario alguno. «Los españoles no lo entenderían», me dijo. Llevaba razón.

Aunque la princesa Irene ha sido dama de honor en la boda de su hermana con Juan Carlos y también en la de su hermano con Ana María de Dinamarca, eso que de una boda suelen salir varias bodas no se ha cumplido con ella, que parece haberse quedado para vestir santos.

Y no porque careciera de atractivos físicos, que los tuvo. Tampoco porque no tuviera pretendientes, que también. Cuando todavía vivía en Grecia y sus padres eran los reyes, se especuló mucho con que ella prefiriera la música y a su profesora, una gran pianista con quien llegó a ofrecer numerosos conciertos.

En España, fue cortejada por Jesús Aguirre, cuando este era director general de música, pero, sobre todo, por el entonces embajador de Alemania en Madrid, Guido Brunner.

A Eva Celada, autora de una excelente biografía, no quiso hablarle de amores aunque sí le reconoció: «He estado muy enamorada naturalmente (no dijo de quién), pero no quiero contarlo por discreción. De joven, en algún momento, me sentí sola y me hubiera gustado tener un compañero e hijos, eso no voy a negarlo».

La vida de Irene en la Zarzuela tampoco fue todo felicidad. En 2002, padeció un cáncer de mama del que fue intervenida en una clínica madrileña. Se recuperó después de seis meses de quimioterapia. No frecuenta salones de belleza ni gusta de diseñadores. Se siente cómoda con una simple trenza que no se molesta en teñir.

Sobre la estancia de Federica y su hija en la India se ha especulado mucho y, en ocasiones, no solo tergiversando sino con cierta carga de difamación. A la reina Federica se le atribuyó una extraña amistad con el profesor Mahadevan. La soberana siempre se había interesado por el estudio del hinduismo y el budismo con su concepto del nirvana. El interés de la madre de Sofía e Irene por estos temas venía de lejos. El propio rey Pablo había invitado a Atenas al profesor Mahadevan, una autoridad en la filosofía de los Vedas. De ahí la amistad con la familia real de Grecia.

Es su hermana Sofía la persona a quien Irene más admira: «Tiene unas cualidades que me encantaría poseer: serenidad, criterio, responsabilidad y paciencia. Aguanta muchas horas de trabajo. No necesita dormir tanto como yo. Además, siempre sabe lo que hay que hacer».

No podemos olvidar en este capítulo sobre doña Sofía, a una persona que, junto con Irene, ha sido siempre y lo sigue siendo su amiga, la única que tiene, y su confidente: la princesa Tatiana Radziwill, a quien suele verse, durante los veranos, acompañando a la reina en las solitarias vacaciones en Marivent. La primera vez que la conocí fue en Atenas, en 1962, como dama de honor de Sofía en su boda con Juan Carlos, junto a la infanta Pilar, las princesas Irene de Holanda, Alejandra de Kent, Ana María de Dinamarca e Irene.

Asimismo, son primas porque los abuelos de ambas, Jorge y Constantino de Grecia, eran hermanos. Tienen la misma edad y han compartido infancia, juventud y madurez. Con una sola diferencia, Tatiana está felizmente casada con el doctor John Fruchaud. Doña Sofía se ha consolado con Tatiana en algunas de las crisis matrimoniales que hemos recordado en el capítulo «Cerrar los ojos».

Mi compañera Consuelo Font me recuerda a una serie de personajes anónimos cuyos rostros jamás aparecieron en los medios de comunicación y que han sido testigos mudos y sordos de los mejores y peores momentos de la soberana.

Es el caso de Laura Hurtado de Mendoza, gran amiga mía y por la que siento una muy especial simpatía y afecto. Es miembro del Opus Dei. Fue nombrada, en 1970, secretaria personal de la entonces princesa Sofía. Era sobrina lejana del marqués de Mondéjar, que fue jefe de la Casa Real y quien la recomendó. Mientras le preparaban un despacho, la enviaron a Londres a perfeccionar el inglés. Tras más de treinta años llevando la agenda de la soberana, cuando llegó la hora de la jubilación, doña Sofía le pidió que siguiera como asesora personal. Laura, que era soltera, aceptó.

Ella fue la encargada de amortajar a la madre de doña Sofía y de cuidar de Felipe hasta la llegada de la reina, que se encontraba en Baqueira, aquel triste 6 de febrero de 1981. Lo hemos recordado en el capítulo sobre la muerte de la reina Federica.

A Laura la sustituyó una bilbaína, Susana Cortázar, quien había sido secretaria personal de José Joaquín Puig de la Bellacasa durante su etapa de embajador en Londres. En 1990, cuando este fue nombrado secretario de la Casa Real, Susana se incorporó con él a la Zarzuela. Ambas, Susana y Laura, desempeñaron sus puestos en la Secretaría de la reina.

El general José Cabrera García estuvo al frente de dicha Secretaría a partir de 1996. Nacido en Las Palmas, fue ayudante de Campo del rey, llegando a ser nombrado en 1991 su secretario de Despacho. La buena química con doña Sofía propició que se pensara en él para ocuparse de su departamento. Él tuvo que asumir la responsabilidad sobre la publicación del libro de Pilar Urbano.

La familia de doña Sofía

Para la reina doña Sofía, su familia griega siempre fue importante, tanto en los buenos como en los malos momentos de su vida. A ella volvía cuando sentía que su matrimonio iba a la deriva. A diferencia de la reina Isabel de Inglaterra, fue incapaz de contentarse solo con la lealtad cuando las infidelidades se convirtieron en el amargo pan de cada día. Buscando ayuda y consuelo, voló hasta la lejana Madrás para llorar en brazos de su madre, a causa del dolor de haber sido testigo del primer engaño de su marido y del que ya hemos escrito ampliamente en el capítulo titulado «Aquel dramático viaje a la India».

Y con un embarazo muy avanzado no le importó viajar, el 18 de abril de 1967, con sus hijas Elena y Cristina, hasta una convulsa Atenas tras el golpe de los coroneles que acabaría con la monarquía griega, para estar junto a su madre en su cincuenta cumpleaños.

La relación de don Juan Carlos también era buena con la familia política a pesar de los roces que, a veces, tuvo con la reina Federica, una suegra de padre y señor mío. No hay que olvidar que doña Sofía lleva la realeza en la sangre: hija de rey, hermana de rey y con dos emperadores alemanes, ocho reyes de Dinamarca, cinco reyes de Suecia, siete zares de Rusia, un rey y una reina de Noruega, una reina de Inglaterra y cinco reyes de Grecia en su árbol genealógico. Un pedigrí que da vértigo, por lo que no tiene nada de extraño que, en la primera discusión que don Juan Carlos tuvo con su suegra, esta le reprochara que tan solo era «el chico de los Barcelona». Federica se refería a sus padres, don Juan y doña María. De este enfrentamiento entre suegra y yerno, ya hemos hablado en el capítulo que lleva, precisamente, ese título.

Don Juan Carlos siempre ha reconocido que la mejor persona de la familia política fue el rey Pablo. Era una gran persona a quien se parece Felipe. Y, como este, manejado por una mujer con mucho carácter y mandona. Tal parece que hablamos de Letizia.

Como hemos recordado, Juan Carlos tuvo alguna que otra agarrada con su suegra y se decían las cosas muy claras. En mi encuentro a solas con don Juan Carlos y doña Sofía, en el palacio de la Zarzuela, aquel 22 de noviembre de 1975, horas después de su proclamación como reyes de España, hablamos de la reina Federica. Recuerdo haberle preguntado a doña Sofía los motivos de la ausencia de su madre en el palco de invitados de las Cortes. Su respuesta me sorprendió: «No quisieron que estuviera. Posiblemente, para que no empezaran a hablar de su influencia sobre el yerno, con la misma ignorante crueldad con que lo dijeron cuando mi hermano Constantino».

Cierto es que sobre la reina Federica había, y no solo en Grecia, muy mala opinión. Decían que le gustaban las intrigas, que le gustaban; que manejaba los hilos por detrás, que los manejaba; que mangoneaba a sus hijos, que los mangoneaba, y que era muy política. «¡Pues igual que yo!», reconoció en cierta ocasión doña Sofía. «A mí me encanta la política».

La relación de don Juan Carlos con su cuñado fue muy buena durante un tiempo. No hay que olvidar que cuando Constantino se vio obligado a huir de Grecia, tras el golpe de los coroneles, lo hizo con lo puesto: un traje de campaña. Así voló hasta Roma para refugiarse en la villa Polisenna, propiedad de los Saboya y adonde su cuñado, el rey don Juan Carlos, de su misma talla, le envió varios de sus trajes. Comenzaba el calvario para este rey que, con solo veinticuatro años, sucedió a su padre el rey Pablo.

Ya en el exilio, la familia real griega era fija en los veranos de Marivent. Así, durante años y años hasta que las relaciones matrimoniales entre don Juan Carlos y doña Sofía hicieron imposible la convivencia familiar. Los dos cuñados no se ven ni se hablan desde hace años, aunque durante un tiempo el ex rey griego se aprovechó del rey español para algunos pequeños negocios. Uno de ellos, el de los «blindajes» de los coches de la Zarzuela, que, como pudo comprobar el general Sabino cuando regresaron a Madrid, no lo estaban. Para ello, ordenó a un escolta que disparara sobre la carrocería del Mercedes. Y, como sospechaba, la bala entró en el coche atravesándolo limpiamente.

Otro de los «negocios» de Constantino fue una agencia para entrevistar a altas personalidades de Estado del mundo entero. Para ello, contaba con la colaboración de la famosa periodista Selina Scott. Una de las primeras víctimas fue su cuñado don Juan Carlos con una entrevista-reportaje que originó numerosos problemas. En la audaz entrevista, la periodista, desinhibida de cualquier protocolo, llegó a bromear tanto con el monarca que este terminó arrojándola al agua desde el yate. Antes le había gastado bromas, incluso delante de la reina, que no parecía sentirse muy cómoda. Fue, precisamente a causa de este reportaje que, según Manuel Soriano, trascendió por primera vez a la opinión pública que el rey y Sabino habían discrepado. También molestó al soberano que el jefe de su casa, con buen sentido, intentara «limpiar» aquella entrevista que, por su vulgaridad, tanto dañaría la imagen del rey.

De todas formas, en la medida que doña Sofía ha ido alejándose de su marido o este de ella, se ha ido acercando más a su hermano, cuñada y sobrinos. Desde entonces, cuando doña Sofía deseaba ver a su muy querido hermano, viajaba a Londres donde Constantino se encontraba exiliado. De ahí, que la gente, incluida la prensa española, creyera y escribiera que la reina vivía en la capital británica.

Hoy, para reencontrarse con su hermano, con su cuñada Ana María, que fue dama de honor de su boda con don Juan Carlos, y con sus sobrinos Pablo, Nicolás, Alexia, Teodora y Felipe, así como con Marie-Chantal y Tatiana, tiene que viajar hasta el Peloponeso, hasta Porto Helli, en la preciosa isla griega de Spetses. Precisamente allí se encontraba doña Sofía, celebrando con su muy querida familia la Pascua Ortodoxa, cuando se le comunicó el accidente sufrido por don Juan Carlos que se encontraba de cacería en Botsuana, en compañía de su «amiga entrañable», Corinna.

Al enterarse del accidente, comenzó a preparar su regreso urgente a Madrid, pero le convencieron para que no cambiara sus planes y continuara en la isla griega: la ofensa había sido tan pública que no había posibilidad de pública reparación. Mejor esperar.

No era la primera vez que doña Sofía se dejaba arropar por sus hermanos Constantino e Irene, su cuñada y sus sobrinos. Después de esto, ¿puede extrañar que los griegos no quieran ver a don Juan Carlos?

SUEGRAS Y NUERAS

«Somos completamente opuestas»

El desencuentro entre Letizia y la reina emérita en la catedral de Palma de Mallorca, el Domingo de Resurrección, puso de manifiesto la siempre difícil y complicada relación entre suegra y nuera.

«Somos completamente opuestas», comentó doña Sofía en la entrega de los premios que otorgó el Real Patronato sobre Discapacidad en abril de 2015. «Yo soy muy distinta. Somos dos Españas completamente diferentes. Dos formas distintas de hacer bien las cosas. No solo hay una manera», matizó Letizia en el mismo corrillo con los invitados a los galardones.

No solo en las familias del pueblo sencillo y llano existen tales diferencias. También entre las familias reales reinantes. En unas, más que en otras. Pero las diferencias son tan viejas como las monarquías. Aunque en el caso español, doña Sofía ha hecho todo lo que ha podido para educar y reconducir el carácter violento de la nuera. Nunca he olvidado cuando la reina, en la primera comparecencia junto a Letizia, en el verano de 2004, en el Náutico de Palma de Mallorca, se atrevió a corregirla ante toda la prensa destacada en la capital balear. El motivo puede considerarse nimio, intrascendente: que la consorte de Felipe se dispusiera a posar para los reporteros, en compañía de su suegra, con unas grandes gafas de sol.

Al advertirlo, doña Sofía, simple y sencillamente, le ordenó: «¡Quítate las gafas!». Yo, que estaba presente, observé que a Letizia no le agradó ni mucho ni poco la petición de la suegra. Pero se las quitó con mal gesto. Quizá, se la guardó.

Remontándonos en la historia, fue muy conocida la tormentosa relación entre la archiduquesa Sofía de Austria y su nuera, la mítica Sissi. Para empezar, la archiduquesa se opuso a la boda con su hijo Francisco José hasta el último día, con comentarios venenosos. «Está demasiado pálida, parece enferma, tiene los dientes amarillos y le faltan algunas piezas.» Después de la noche de bodas, llegó a examinar las sábanas y la ropa de Sissi, para comprobar que había llegado virgen al matrimonio.

La mítica reina Victoria de Inglaterra, gustaba de controlar todos los detalles de la vida de su hijo y heredero, el príncipe de Gales, y de su nuera, Alejandra de Dinamarca. Mantenía sobre ella un control enfermizo con informadores que, diariamente, le hacían llegar todo lo que pasaba en palacio pero, especialmente, lo que la nuera hacía y todo lo que le pasaba, incluyendo sus ciclos menstruales.

La relación entre la reina María Cristina de Habsburgo y su nuera, la reina Victoria Eugenia de Battenberg, fue muy complicada y deprimente. La esposa de Alfonso XIII vivía permanentemente bajo la mirada escrutadora de su suegra, una mujer fría y religiosa, que hizo del palacio un convento en el que ella era la abadesa. Aunque hacía ya más de veinte años de la muerte de su marido, Alfonso XII, seguía vistiendo de riguroso luto. En la entrevista que la reina Victoria Eugenia me concedió en Lausana, un mes antes de su muerte, reconoció que «Doña Virtudes», como la llamaban, le hizo la vida muy difícil, llegando a «la tortura» al suprimir la calefacción en el palacio Real. «Me salieron hasta sabañones», me confesó.

Cuando Victoria Eugenia dio a luz a su primer hijo, la suegra, presente en el parto, al oírla gritar la reprendió diciéndole: «Nosotras, las españolas, no gritamos nunca cuando traemos un rey al mundo». Y ella le contestó: «Pues vas a saber cómo pare una reina inglesa».

Podía haber dicho, aunque no me cabe la menor duda de que lo pensaba, lo que María Antonia de Nápoles, esposa de Fernando VII, que también tuvo que sufrir en carne propia el ultraje de su suegra, la reina María Luisa, quien la consideraba «una víbora ponzoñosa, animalito sin sangre y reina a medio morir».

La actual soberana de Luxemburgo, la gran duquesa María Teresa, es un elocuente ejemplo de las siempre conflictivas relaciones entre suegras y nueras reales, un tira y afloja que termina siempre por romperse. Como se ha visto en la familia real española, aunque, en este caso, la víctima no ha sido la nuera sino la suegra. Lo mismo le sucedió a la reina Isabel II de Inglaterra con su nuera Diana, que nunca sintió simpatía por su suegra. Pero esta, al igual que la reina Sofía con Letizia, la acogió en el palacio Clarence House antes de la boda para que fuera aclimatándose. Lo que Su Graciosa Majestad no le perdonó nunca a la casquivana y descerebrada nuera es que se le quejara sobre las relaciones íntimas con su hijo. ¿Qué puede decirle una suegra a su nuera cuando esta se le queja porque el príncipe Carlos solo le ha hecho el amor una vez en dos meses? También fue muy duro para la reina oír a Diana confesar en televisión que ha sido adúltera. ¡Muy principesco y muy ejemplar!

Lo de la gran duquesa de Luxemburgo con la suegra, la gran duquesa Josefina Carlota, una mujer ejemplar, hermana de los reyes belgas Balduino y Alberto, fue peor que difícil... muy malo. Sobre todo, por la conflictividad de la nuera, una cubana de mucho y mal carácter, como Letizia. Aunque al principio, María Teresa Mestre fue bien acogida por la familia real, que vio en ella un soplo de aire fresco, pronto enseñó la patita de su endiablado carácter, acusando a la suegra de querer destruir su matrimonio. Incluso decidió abandonar Luxemburgo con sus cinco hijos, Guillermo, Félix, Luis, Alexandra y Sebastián, porque, según ella, su suegra la llamaba despectivamente «la criolla». «No me quieren por mi origen plebeyo», declaró en una insólita rueda de prensa. Cierto es que, al igual que la reina Isabel con Diana o Juan Carlos con Letizia, no las encontraban aptas. Como se ha demostrado en los dos casos.

Recientemente, una empleada de la gran duquesa ha escrito un libro sobre su pesadilla como doncella de la soberana luxemburguesa, una denuncia que la familia real ha intentado impedir, pero que no le ha sido posible. Como aquí en España, el libro del primo de Letizia.

Lo que no es de recibo es hablar, en este caso concreto, de racismo. Según ella, a la familia real no le convencía lo de mezclar la sangre azul de los Nassau con la de una mestiza latina. Una forma fácil y barata de intentar atraerse las simpatías con las que no cuenta en Luxemburgo. De la misma manera que a la reina de Inglaterra, al menos públicamente, no le ha parecido mal la boda de su nieto, el príncipe Harry de Inglaterra, con una mujer afroamericana.

Anteriormente, solo nos hemos referido a la relación entre suegras y nueras reales, por razones obvias: doña Sofía. Pero, como decíamos al comienzo de este capítulo, también existe este problema en el pueblo «sencillo y llano». Escandalosamente mediática, endiablada y conflictiva fue la relación entre Carmen Cervera, la baronesa Thyssen, con su nuera Blanca Cuesta, quien tuvo que pasar por la humillación de la prueba de paternidad para demostrar que el padre de sus bebés era el hijo de Carmen, Borja. La relación familiar, durante mucho tiempo, fue inexistente hasta llegar hoy a una situación de calma tensa.

Pilar Bardem, la famosa actriz, llegó a declarar en su día, hablando de Penélope Cruz: «Me parece una buena artista, una gran estrella, pero no es mi nuera». Me imagino que ya no pensará igual.

La madre de Sergio Ramos, el capitán del Real Madrid, no parece tolerar a su nuera, la presentadora Pilar Rubio. Ni ella ni sus dos hijos —en aquella época, ahora ya tiene tres— estuvieron presentes en el sesenta aniversario de Paqui.

En el caso de Cristiano Ronaldo, la prensa portuguesa publicó recientemente sin rubor: «Dolores Aveiro no soporta a Georgina, la compañera de Ronaldo. Aunque ella vivía permanentemente en La Finca con su hijo, desde que apareció la "modelo" en la vida del jugador, prefiere alejarse para no tener problemas con esta muchacha tan ambiciosa y de tan difícil carácter».

Y es que, en todas las familias, la relación entre suegras y nueras suele ser conflictiva no solo entre reyes, reinas, príncipes y princesas, tanto como lo puede ser la relación entre cuñadas. Así se ha podido ver en la familia real española, con la relación de Letizia con Elena pero, sobre todo, con Cristina.

A doña Sofía no le gustan los toros

En la familia real sucede lo que en miles de familias españolas: unos a favor, otros en contra de las corridas de toros, olvidando que forman parte del patrimonio histórico y cultural de nuestro país.

Siempre es agradable ver al rey Juan Carlos o a la infanta Elena en una barrera de la madrileña Plaza de Toros de Las Ventas o de otras plazas, posiblemente porque son los dos únicos aficionados de verdad entre los Borbones, tanto que, en las ferias de San Isidro, don Juan Carlos ha asistido hasta a cuatro corridas. Siempre ocupa la barrera del 1, como buen aficionado que es. Y siempre lleva el regalo para corresponder a los brindis de cortesía que los toreros suelen hacerle en el primer toro de su lote. Salvo una vez en la que regresó a la Zarzuela con uno de esos regalos en el bolsillo: el que le habría correspondido al torero Francisco Rivera, quien se negó a cumplir con esa tradición.

Aunque don Juan Carlos se fumó un puro —en el más amplio sentido despectivo de la palabra—, el desabrido y descortés mal gesto no pasó desapercibido para nadie. ¿Una venganza? Sin duda alguna. El motivo no era otro que una pregunta impertinente del torero al rey, reprochándole no querer ponerse al teléfono cuando le llamaba su amigo, Manolo Prado, que también lo era de Su Majestad.

Pero, volviendo a los toros y a doña Sofía, el rey, hoy emérito, lo abordó con José Luis de Vilallonga, en sus conversaciones para el libro *El Rey*:[26]

> Doña Sofía es lo que los españoles llaman «una mujer importante», culta, muy sensible, también una ecologista convencida, incapaz de poner los pies en una plaza de toros como no sea por obligación del cargo. En un país en el que la afición a la Fiesta está tan profundamente enraizada en todas las capas de la sociedad, esta actitud de la reina es, a veces, tema de controversia. Tampoco se ve en las plazas al príncipe de Asturias. Cuando se lo hago notar, don Juan Carlos me dice:
>
> —Ya lo sé, pero qué quieres, si el príncipe no va a las corridas, sé que a veces va, probablemente es para no disgustar a su madre.

26. José Luis de Vilallonga, *El Rey*, Plaza y Janés, Barcelona, 1993.

Es en lo único que coincide con Letizia, su nuera. En vísperas de su boda, en 2004, fue una vez. Después de casarse, acompañó a Felipe, su marido, a una corrida en la Feria de San Isidro, en el 2008. Por lo demás, no existen dos mujeres más diferentes. Para empezar, doña Sofía es hija de reyes reinantes, nieta de emperadores y prima de la reina Isabel de Inglaterra. Como don Juan Carlos, que también es primo. Por el contrario, Letizia es nieta de un taxista e hija de una enfermera sindicalista liberada de izquierdas. La reina emérita o «reina madre» es de derechas y radicalmente antiabortista. La nuera, de izquierdas, como su madre y el abuelo, que era comunista, republicana y partidaria del aborto. Ya lo demostró el 27 de octubre de 2002, sometiéndose a la IVE (Interrupción Voluntaria del Embarazo), de la que ya hemos hablado.

Doña Sofía fue siempre una sufridora esposa, leal y legal, más allá de la infidelidad. Letizia no consentiría un engaño. Aquella frase de la reina Isabel de Inglaterra «A mi esposo no le pido fidelidad sino lealtad» no va con ella. Afortunadamente, Felipe no es un Borbón, genéticamente hablando, sino un Hannover como su madre. Pero, sobre todo se parece, como ya hemos dicho, a su abuelo materno, el rey Pablo de Grecia, una buenísima persona, como Felipe, y sin embargo un pobre hombre, manejado y manipulado por su esposa, la reina Federica. Como el hoy rey, por Letizia.

Pero, volviendo al tema taurino, sería bueno que doña Sofía recordara el comportamiento de su inmediata antecesora, la reina Victoria Eugenia, con las corridas de toros. Lo cuenta magníficamente su amigo, el escritor británico Gerard Noel, autor del libro *Ena Spain´s English Queen*:[27]

27. Gerard Noel, *Ena Spain´s English Queen*, Constable, Londres, 1984.

Una de las primeras tareas realmente abrumadoras para Victoria Eugenia fue tener que asistir a una corrida de toros magníficamente preparada y planeada como punto culminante de los festejos posteriores a la boda. El asunto no fue fácil por la negativa de la delegación oficial inglesa a asistir, debido a la repugnancia del pueblo británico por el deporte nacional español. De manera que el príncipe y la princesa de Gales, junto con su séquito, y Sir Maurice de Bunsen, el embajador, con el personal de la embajada, fueron criticados por su ausencia. Pero a la reina no le quedaba más remedio que estar presente y, al principio, deleitó a la multitud con su belleza, realzada por un vestido resplandeciente de encaje blanco, con rosas prendidas en la mantilla, también blanca. En aquellos días, una corrida de toros era un pasatiempo mucho más sanguinario de lo que fue más tarde. Las reformas subsiguientes y la mitigación del sufrimiento infligido a los desamparados caballos, se debieron en gran parte a la influencia de la reina.

Esta primera corrida fue irónicamente muy decepcionante para los espectadores corrientes, porque algunos de los detalles más sangrientos fueron omitidos como concesión a la joven reina inglesa. Criada a caballo y con un intenso amor por los ponis, ella quedó horrorizada ante lo que vio. Un toro enloquecido literalmente hizo pedazos a un caballo bajo el palco real desde donde miraba la reina Victoria Eugenia. La multitud rugía aprobando cuando se despacharon ocho toros, cuatro por picadores, elegidos entre las mejores familias de España, con el duque de Alba, el duque de Medinaceli y el marqués de Tovar como patrocinadores.

La reina hubiera tenido que hacer eco a las aclamaciones salvajes de los espectadores. Su forzada sonrisa, que traicionaba una atroz sensación de angustia interna, fue casi peor que nada. Lo más que podía hacer era contemplar el violento espectáculo sin emoción, mostrando su desagrado, ella sentía que cumplía con su deber. Pero una vez más, no bastaba con esto.

En las muchas corridas a las que la reina se vio obligada a asistir en años posteriores, buscó un truco que me desveló en la entrevista exclusiva que me concedió semanas antes de su muerte, el 15 de abril de 1969, en su residencia del exilio suizo de Lausanne.

Cuando me sentía obligada a acudir a las plazas de toros, acompañando al rey, lo hacía como un doloroso y difícil deber. Sabía que mostrar mi disgusto no era, precisamente, lo que tenía que hacer.

Como mujer inteligente que era encontró una solución:

Me agencié unas gafas especiales totalmente negras. Cuando me sentaba en el palco, me las ponía. Los espectadores nunca lo supieron. Yo aplaudía cuando oía aplaudir. Así me evité ver cómo los toros destripaban a los caballos, como sucedió en las primeras corridas. ¿Sabías que gracias a mí se llevaron a cabo algunas reformas que mitigaron el sufrimiento de los caballos de los picadores incorporando los petos?

Aun repugnándole las corridas tanto o más que a doña Sofía, la reina inglesa de España sabía que su obligación era acompañar a su esposo, el rey, allá donde fuere. Doña Sofía lo ha hecho siempre, menos a las corridas de toros.

LOS «ENAMORADOS» DE SOFÍA

Los «amores» de la reina

Cuando terminaba 1992, el rey recordó a Sabino Fernández Campo, jefe de Su Casa y con más de quince años al servicio de Su Majestad, que le debía una invitación a almorzar. Era tradición que celebrara con los reyes, en un restaurante madrileño, el día de su santo, que es el 30 de diciembre. Don Juan Carlos propuso entonces que podrían almorzar el día 29. Se lo dijeron también a la reina y eligieron Horcher, uno de los más lujosos de Madrid, en la calle Alfonso XII, según cuenta Manuel Soriano en su magnífica biografía *Sabino Fernández Campo. La sombra del Rey*:[28]

La comida transcurría con normalidad en el clima de máxima confianza en que habitualmente se desarrollaba entonces la relación entre los tres, aunque Sabino estaba herido por la

28. Manuel Soriano, *op. cit.*

fuerte influencia que Mario Conde empezaba a tener en la Zarzuela. De repente, don Juan Carlos se dirigió en un tono informal a su esposa para decirle:

—Sofi, ¿sabes que Sabino se marcha, que Sabino nos deja, que se va?

La reina, con su habitual ingenuidad, creyó que el rey se refería a la inexorable jubilación que, antes o después, llegaría. Lo iba a sentir porque le tenía más que aprecio, cariño. Pero el rey, que había elegido fríamente un ambiente distendido, lejos del despacho, le puntualizó con toda dureza y crueldad para que lo entendiera:

—No, Sabino no se marcha en unos días porque se jubile. Me ha puesto el puñal en el pecho y nos deja en una semana.

Doña Sofía no daba crédito a lo que estaba oyendo. Y con emoción en la voz y lágrimas en los ojos, se atrevió a preguntar a Sabino:

—¿Es verdad que se marcha, es verdad que nos deja...?

Sabino, que estaba tan sorprendido como la reina por lo que acababa de oír ya que don Juan Carlos no había hablado con él sobre este tema, solo se permitió musitar:

—¡Si el rey lo dice...!

La comida finalizó en silencio sin que ninguno de los tres se atreviera a pronunciar palabra alguna.

Lo que Sabino no supo ese día, sino mucho después es que, una vez en la Zarzuela y ante la dolorosa incredulidad de la reina, don Juan Carlos, para dar por finalizado el tema, le disparó con toda la crueldad:

—No te lo quería decir, pero ya que tanto dolor te produce te diré que se marcha por tu culpa...

Y, para que se fuera enterando, le hizo escuchar una grabación en la que se oía la voz de Sabino diciendo:

—¡Qué quieres que haga! ¿Que le diga que se marche? ¿Que la eche del despacho?

Sabino se dolió hasta su muerte de no haberle podido explicar a la reina la verdad de aquellas palabras. «No iba a hacerlo por teléfono ni a invitarla a comer en el Centro Colón o a la cafetería Riofrío...» porque lo que don Juan Carlos le hizo escuchar era el extracto de una conversación entre el jefe de la Casa de Su Majestad con Fernando Gutiérrez, jefe de Prensa, que se queja de los retrasos que se producen con las visitas cuando la reina entra en su despacho y permanece, a veces, durante horas. Esta charla, al parecer, fue grabada por el coronel de Ingenieros José Sintes, responsable de las transmisiones y comunicaciones de la Zarzuela. ¿Fue él también el autor de la manipulación de aquella grabación tan torticera?

No puedo afirmarlo, pero el 13 de enero de 1993, en la emotiva reunión ante toda la familia real y todo el personal de la Zarzuela para despedirse, Sabino fue dando la mano, uno a uno, a todos los miembros de la Casa allí presentes. Solo hubo una excepción que no pasó desapercibida. Al llegar a Sintes, el general eludió saludarle.

Fernando Gutiérrez llevaba razón; Sabino, también. Desde hacía tiempo, el jefe de la Casa se había convertido en el paño de lágrimas de doña Sofía. Raro era el día que la reina no acudía a Sabino para preguntarle dónde estaba el Rey, para quejarse de sus problemas con don Juan Carlos y para llorarle.

Mucho llorar, mucho quejarse de no saber dónde se encontraba su marido muchos días. Pero cuando Sabino intentó tranquilizarla, dándole la razón, «no está bien que desaparezca y no sepamos dónde está», a doña Sofía le salió la vena profesional para cortarle: «Sabino, el rey no tiene por qué dar cuenta a nadie. Para eso es... el rey».

A veces, como en este caso, la mentira explica mejor que la verdad lo que pasa en el alma. En determinadas circunstancias, la mentira pequeña pierde lo que tiene de odioso el mentir porque, en ese momento, resulta útil y es el más sensato de los deberes. Posiblemente la reina, si hubiese meditado más, habría descubierto que la clave de la personalidad del rey se encuentra en el linaje de los Borbones de España y, como tal, es prisionero y finalmente víctima de la herencia y características genéticas de este linaje.

Ignoro cuáles fueron los sentimientos de doña Sofía hacia el general Sabino. Pero sí sé de los de él hacia la reina a quien siempre defendió.

Una ilustre dama, conocida por mí, en el transcurso de una cena muy íntima, le preguntó a María Teresa Álvarez, la mujer del general, si creía que, en algún momento, la reina podía haber estado enamorada de Sabino.

—Nunca me he atrevido a preguntárselo —contestó María Teresa.

Pero como la dama en cuestión era gran amiga del matrimonio, la mujer de Sabino le dijo:

—¡Pregúntaselo tú a ver qué te dice!

Y nuestra amiga, preguntó:

—Sabino, ¿tú crees que la reina ha estado enamorada de ti?

El ilustre ex jefe de la Casa de Su Majestad se limitó a sonreír al tiempo que le decía:

—¡Pero qué cosas preguntas!

Y cambió de conversación.

Esta importantísima anécdota, de la que fui testigo, nos lleva a escribir sobre los «amores» de la reina.

Hasta doña Sofía tiene su pasado. Como cualquier muchacha, tuvo un primer amor con el actual rey de Noruega, y del que hemos escrito ampliamente en el capítulo «La cobardía de Harald». Es mejor que se malogre un primero y hasta un segundo amor de juventud que no enamorarse cuando se tiene edad para ello. Parece que estoy hablando de Letizia, que también tuvo un primer amor e incluso un primer matrimonio. Y desamor y amoríos, y aventuras.

Entiendo que a doña Sofía no le guste recordar aquel fracaso de su vida. No sé si hubiera sido más feliz casándose con Harald que con Juanito. Y él, con la princesa Maria Gabriella que con Sofía. Pero hay que reconocer que con los hombres no ha tenido mucha suerte. No me gustaría que su felicidad hubiese dependido del hombre con el que no se pudo casar. En el caso de Juan Carlos, con la mujer con la que no lo pudo hacer.

La noticia que vino del frío

Desconozco si en la vida de la reina Sofía, como en la de muchas mujeres, han existido hombres enamorados de ella o por los que se haya sentido atraída. Entre estos, el violonchelista Mstislav Rostropovich; en este caso se mezclaban la admiración por su arte y la amistad personal. Junto a él estuvo cuando regresó a Rusia, en 1990, después de muchos años de exilio, acompañándole y aplaudiéndole con entusiasmo en los conciertos que ofreció en Moscú y San Petersburgo. Incluso viajó a la capital rusa para asistir a su funeral en la catedral de Cristo Salvador, el mayor templo de la Iglesia ortodoxa, donde la reina despidió a su amigo con un emocionado beso en la frente.

«Enamorados» de la reina lo estuvieron el que fuera presidente de la Cruz Roja Española, Enrique de la Mata Gorostizaga, y el presidente de la Unesco, Federico Mayor Zaragoza, pero siempre dentro de un orden de respeto y casi veneración. Y, últimamente, el premio Nobel Muhammad Yunus, por quien no le importó tomar un avión con destino a Abu Dabi para participar en una cumbre de microcréditos, creada por este indio que la reina emérita admira y quiere tanto.

Con todos estos hombres, no me cabe la menor duda de que doña Sofía hubiera sido mucho más feliz que con don Juan

Carlos, incluso con Harald, de cuyo romance fracasado por la cobardía del príncipe noruego ya hemos hablado anteriormente.

Por lo demás, sobre la vida sentimental de la reina emérita jamás se ha especulado y siempre se le ha respetado a nivel mediático. Es el miembro de la familia real mejor valorado y su imagen es tan impecable como admirada. Sin embargo, en 2015, el portal sueco *Svensk Dam* habló de un supuesto interés sentimental, sin pie ni cabeza, entre doña Sofía y Alfonso Díez, viudo de la duquesa de Alba.

Desde que el 24 de noviembre de 2014 falleciera Cayetana, su viudo, el querido Alfonso, se había convertido en un ser de una gran discreción con una historia imposible de continuidad y de transformación, retirado tanto de reuniones sociales como de entradas y salidas, viviendo su viudedad en soledad. Los recuerdos de su vida con Cayetana no la pueblan, desde entonces, sino que, por el contrario, la hacen más profunda.

Para sobrellevar y superar su nueva situación, Alfonso buscaba paz y sosiego en la soledad de las salas de cine, su otra pasión, que compartía con su fallecida esposa. Porque, hoy por hoy, la dependencia del pasado rige su vida. «Yo no pienso en el futuro. Estoy seguro de que, dentro de pocos años, me verás tal como soy actualmente», me diría. Aunque, al parecer, y siempre según la publicación sueca, «la reina Sofía podría haber encontrado de nuevo el amor en un hombre que le está prestando bastante más atención de la que parece mostrarle su marido, el rey don Juan Carlos». El medio del país nórdico dice que la reina está «profundamente herida por mentiras e infidelidades y que ha llegado al punto de anhelar tener a un hombre a su lado, alguien en quien puede confiar». Y bla, bla, bla.

Esta «noticia» fue recogida y ampliada por la edición italiana de la famosa y seria revista *Vanity Fair*. Según la publicación, esta «amistad» surgió tras la muerte de la duquesa de Alba, aunque ellos ya se conocían. «Lo que comenzó de manera epistolar, tras la carta de agradecimiento de Alfonso a la reina por su presencia en el funeral de su mujer a principios de 2015 y la posterior respuesta de doña Sofía, ha continuado de manera discreta y tranquila.»

La periodista y escritora Pilar Eyre, siempre tan rigurosa y documentada, se hacía eco de la irrupción en la vida de Alfonso de un rumor que le implicaba sentimentalmente con una persona por la que siempre ha tenido y tiene la mayor admiración. Con ello, abría la caja de Pandora difundiendo esta ridícula historia, utilizando argumentos tan demenciales como que «es obvio que Alfonso se siente atraído por las mujeres de más edad (67 años frente a 77) y ella está necesitada de afecto y apoyo. Veremos si esta «relación» (el entrecomillado es mío) se queda así, en la dulce intimidad de dos almas solitarias o si se convierte en una unión sólida con futuro y, sobre todo, pública», escribía mi amiga y compañera en su blog. ¡Ay!, querida Pilar, qué cosas. Cierto es que el tema era muy goloso, pero ridículamente goloso.

Mantengo una vieja amistad con Alfonso Díez, cuyo noviazgo y posterior boda con mi amiga Cayetana apoyé sin fisuras ante la indignación de algunos de los hijos de la duquesa y la crítica de varios periodistas.

Aunque conocía la respuesta, telefoneé a Alfonso, a quien, más que indignado lo encontré profundamente triste, apesadumbrado por la irrupción en su vida de un ridículo rumor que le implicaba sentimentalmente con una grandísima señora por la que siempre ha tenido y tiene la mayor admiración y respeto en la distancia. Tanto le afectó el tema que tuvo que acudir a la clínica Rementería, muy próxima a su domicilio. El motivo: un fuerte derrame en el ojo izquierdo a causa de la subida de la tensión ocular producida por el disgusto de la «noticia».

«Siempre he tenido horror a los chismes. Y este es de tal calibre que no me es posible ni desmentirlo», me confesaría.

Porque cuando en una mentira se introduce hábilmente algo que no es del todo ordinario, algo que no sucede sino por el mayor de los azares o que, incluso, es imposible que suceda jamás, la mentira, como en este caso, parece más creíble. O totalmente increíble.

Como dijo Carmen Tello, gran amiga que es de Alfonso Díez: «Es la primera noticia que tengo. Alfonso es una persona que respeta enormemente a la reina, a quien ha visto alguna vez a través de su mujer Cayetana. Entre ellos no existe ningún tipo de relación. Solo un respeto y una admiración absolutas por parte de Alfonso hacia la reina».

Y mi amiga Pilar Eyre pone el broche, y no precisamente de oro, añadiendo un dato mucho más impactante y surrealista. Según las fuentes de la periodista «hubo una orden de Felipe VI: "Aquí no se coge ninguna llamada más de este señor"». ¡Toma ya!

De haber sido cierta esta historia, ¿quién es el hijo para prohibir que su madre se relacione con quien la de la real gana? ¿No lo hace su padre?

ABUELA REAL

Más que padres, más que reyes

En Europa existen, actualmente diez familias reales reinantes y cuya composición no difiere mucho de las familias al uso: padres, hijos, nietos y abuelos. La mayoría de los titulares o eméritos, más que en padres y más que en reyes, se han convertido, simple y sencillamente en abuelos, «fuente de la experiencia vivida, conocedores de secretos que no pueden perderse con los años, sabedores a ciencia cierta de que estás en el mundo dos días y luchadores natos que consiguieron sacar adelante sus familias y sus propias vidas», en palabras de la antropóloga Margaret Mead. Los abuelos son seres únicos y especiales, convertidos en puntos cardinales de nuestra infancia.

En las diez monarquías reinantes actualmente en Europa no solo existen diecisiete abuelos de setenta y cuatro nietos, y ¡hasta cuatro bisabuelos de siete biznietos!

De todos ellos, destaca doña Sofía. Ni reina ni madre, simple y sencillamente abuela. Se trata de la servidumbre, no del cargo sino de la carga de esos nietos, algunos abandonados a la mala suerte de ser hijos de Cristina y de Iñaki Urdangarin. La existencia de estos niños no ha sido ni es feliz y, lo que es peor, tampoco lo será porque ha transcurrido y transcurre por derroteros bien distintos a los niños de su edad. Los dramáticos acontecimientos que se vienen sucediendo desde 2009, cuando las operaciones financieras de su padre les llevaron a afincarse en Washington, primer hito de su exilio preventivo, al que seguiría Ginebra, los han convertido en niños retraídos y tristes, un tanto a la defensiva.

Cierto es que a su edad, casi ochenta años, es duro, muy duro, encontrarse en esta situación después de fracasar como esposa y como madre. Alguien dijo que una abuela es una maravillosa madre con un montón de práctica.

Posiblemente estas criaturas, sobre todo cuando eran más pequeños, que no entendían nada de lo que estaba pasando a su alrededor, acabaron entendiéndolo cuando se lo explicó la abuela Sofía. «Nadie puede negar a sus nietos el derecho a disfrutar del amparo de su abuela», dijo en cierta ocasión la reina emérita. Cierto que no todos. De Leonor y Sofía ya le gustaría. Pero mamá Letizia, tan inefable ella, se niega a que la abuela Sofía influya en sus hijas.

Sofía, madre y abuela

Aunque como esposa, la relación con su todavía marido, el rey emérito don Juan Carlos es, en el mejor de los casos, inexistente, como madre y como abuela yo diría que se mantiene ejemplar. No solo de su hijo Felipe. También de las infantas Elena y Cristina. Existen elocuentes ejemplos que ponen de manifiesto que doña Sofía ha sido siempre, antes que reina, madre y abuela.

Todos los años viene celebrándose en París uno de los más importantes campeonatos de tenis del mundo, el Roland Garros.

Participaban los grandes vencedores de este gran *slalom* como Djokovic y Murray pero, sobre todo, Rafa Nadal, quien lo había ganado nada menos que en nueve ocasiones.

A la sombra de la Torre Eiffel había comenzado su leyenda en 2005 con su primer triunfo, del que fueron testigos los reyes don Juan Carlos y doña Sofía. Su presencia estaba más que justificada, pero lo que sucedió aquella tarde no lo entendió nadie. Y Rafa Nadal menos que nadie porque, cuando finalizó el partido con la victoria de nuestro campeón, este corrió hacia las gradas para saludar a los reyes, pero se encontró con la desagradable sorpresa de que doña Sofía no solo no estaba acompañando al Rey sino que había cometido la ¿grosería?, el ¿desaire?, la ¿descortesía?, de abandonar el palco.

¿Qué había sucedido para que ella, tan profesional en todo, se hubiera marchado en el momento en que Nadal arrollaba a su contrincante entre el delirio del público que lo aplaudía y vitoreaba con lógico entusiasmo?

Muy sencillo: había antepuesto su devoción de madre, la preocupación por su hija, a la obligación de estar, para volar a Barcelona. Le habían comunicado que su hija Cristina acababa de dar a luz a su cuarto hijo, una niña, Irene.

Pienso que no estaba justificada su marcha en el momento en que un español intentaba conseguir para España un importantísimo galardón deportivo. Cuando se escuchó el himno nacional, ella ya no estaba. Había preferido ser madre y abuela antes que reina.

Lo mismo demostró con motivo de la entrega de los premios Príncipe de Asturias del año 1991. Aquel día, la reina decidió acompañar a su hijo Felipe quien aún no había cumplido veintitrés años. Desde el palco de honor del teatro Campoamor siguió la ceremonia, en el transcurso de la cual se entregaron galardones a la actriz norteamericana Liz Taylor y a los líderes sudafricanos Nelson Mandela y el presidente Frederik de Klerk, entre otros.

Cuando vi aparecer a doña Sofía, en solitario, en el palco, llenándolo todo con su sola presencia y siguiendo la ceremonia sin apartar un momento la mirada del príncipe Felipe, que la presidía desde el escenario, recuerdo que comenté: «Tal parece la reina regente apoyando a su hijo y este apoyándola a ella».

Era tan solo una impresión muy subjetiva, una licencia casi literaria que me permitía hacer, recordando unas palabras de Antonio Escohotado, cuando decía: «A lo largo de la historia siempre se llega a la conclusión de que un descendiente vale más que un ascendente. Hay un culto al mañana que había que equilibrar». Y recuerda el escritor el libro de la Sagrada Familia y las relaciones entre José, María y Jesús.

De toda la familia real, la sagrada familia real española, es a Felipe a quien más ama la reina Sofía. O a quien más amaba. Después de todo lo que ha ocurrido, está ocurriendo y ocurrirá, ¡vaya usted a saber cómo se encuentra el patio de sus sentimientos! Y, además, no lo ocultaba y hasta lo pregonaba como aquella vez en la Olimpiada de Barcelona, de 1992, cuando, en compañía del presidente del Comité Olímpico Español, Carlos Ferrer Salat, seguía la participación del príncipe en una de las pruebas olímpicas de vela en la que participaba. En un momento determinado, no se pudo contener y todo el amor y la admiración por su hijo la expresó, según el señor Ferrer Salat, que fue quien desveló tal confidencia, con estas palabras: «Yo estoy enamorada de mi hijo».

No hay que olvidar que doña Sofía es toda una gran profesional de lo suyo, una magnífica reina pero, sobre todo, una madre ejemplar, sin dejar atrás su papel de abuela.

Años antes de que sus hijos se casaran, la reina Sofía ya comentaba, a veces de manera informal con algunos de los periodistas que habitualmente le acompañábamos en los viajes, que estaba deseando que las infantas Elena y Cristina y el príncipe Felipe la hicieran abuela. Decía que una casa familiar no estaba

Un hecho insólito: el actual jefe de Estado y don Juan Carlos juntos en una Pascua Militar, la del 6 de enero de 2018.

completa si no había niños corriendo y alborotando, por lo que deseaba que llegaran los nietos. Lo contaba la compañera Carmen Enríquez, corresponsal de TVE en la Casa Real a lo largo de más de veinte años.

La infanta Elena fue la primera en hacerla abuela, con el nacimiento de Felipe Juan Froilán, en 1998. Desde entonces, los otros siete nietos fueron llegando de forma escalonada hasta 2007, cuando nació Sofía.

Marivent, en Palma de Mallorca y durante las vacaciones de verano, es donde y cuando la reina ejerce como abuela las veinticuatro horas del día. Sobre todo, de seis de los ocho nietos, ya que a Letizia no le gusta que sus hijas Leonor y Sofía se mezclen, sobre todo, con los hijos de Cristina.

Solo en el dramático verano de 2013, cuando la consorte real dejó a todos plantados para regresar en solitario a Madrid, fue cuando la reina emérita logró reunir a todos sus hijos y nietos. Nunca se había visto a una madre y a una abuela más feliz.

Fue cuando apareció en la Escuela de Vela de Calanova lucien-
do un llamativo bolso con la cara de sus nietos. También en su
sofisticado teléfono móvil lleva fotos y vídeos de todos sus nietos.

En el año anterior, el 2012, intentó reunir a todos pero, a
última hora, la infanta Cristina decidió cancelar el viaje, en un
gesto de apoyo a su marido, y solo permitió que Juan, Miguel,
Pablo e Irene permanecieran con su abuela unas horas.

Son estos nietos y por la dramática situación familiar en la
que viven, en los que doña Sofía vuelca toda su atención via-
jando con mucha frecuencia a Ginebra. La mayor preocupación de esta abuela tan ejemplar es lo que sucederá ahora que
Iñaki ha ingresado en prisión. ¿Cuánto tiempo soportarán sus
hijos sin ver a su padre? Verle en la cárcel puede producirles
un daño psíquico irreparable, un trauma difícil de olvidar. Esta
ausencia de papá será, sin duda, el peor de los males que estas
criaturas, tan unidas a su padre, puedan sufrir. Ellos, junto a la

Difícil es repetir esta imagen del verano de 2013. La reina Sofía con sus ocho nietos, su hija y su nuera, en Palma de Mallorca.

madre de Iñaki, Claire Liebaert, son las víctimas más inocentes de este drama. Para ella, madre y abuela como doña Sofía, el principio de la ausencia de su hijo, puede ser como el fin de su vida. Posiblemente, doña Sofía se traslade a vivir a la capital suiza para acompañar a su hija y a sus nietos en todos y cada uno de esos difíciles ¿días?, ¿meses?, ¿años? que les quedan todavía por vivir.

Aunque doña Sofía intenta ser la misma abuela para todos sus nietos, no todos la ven así. Para Leonor y Sofía, y por influencia de su madre, prefieren a la abuela Paloma, por aquello de que el roce hace el cariño. Su presencia en el Pabellón de los Borbón Rocasolano es más que frecuente, permanente. Es la abuela materna quien cuida de las niñas en ausencia de su madre hasta el extremo de que, cuando Felipe y Letizia están de viaje, es ella quien se traslada de casa para cuidar de sus nietas.

Lo de Paloma Rocasolano, la madre «restaurada» de Letizia, no es nuevo. Su presencia se hizo sentir ¡y de qué manera! cuando nació Leonor, esa nieta tan rebelde y, a veces, tan desagradable. Difícil será conocer toda la verdad de lo sucedido aquella lluviosa noche del 31 de octubre de 2005, en la que Letizia ya marcó los límites a su suegra, en beneficio de su madre.

¿La razón? La mala relación, ya existente, entre doña Sofía y su nuera, señora de armas tomar y con un carácter endiablado con todo el mundo, empezando por su marido, incapaz de imponerse en un tema que tanto entristecía a su madre. Pienso que Felipe es bueno, pero un pobre hombre sin voluntad ante su mujer, que le ganó la partida aquel día de la presentación en el palacio de El Pardo, cuando dijo aquello de «¡Déjame hablar a mí!». Desde entonces, no le ha dejado hablar a él.

Lo del día del nacimiento de la primogénita, fueron cuatro horas dramáticas durante las que se decidió lo que nadie quería «porque aquello no iba como debía», según el doctor Recasens:

la cesárea. No olvidemos que mamá era enfermera, amén de sindicalista liberada y republicana.

A diferencia del nacimiento de Felipe, el 30 de enero de 1968, que se supo al minuto (12.35) —yo estaba allí, en la clínica de Nuestra Señora de Loreto—, en el caso de Leonor habían de pasar cuatro horas, cuatro, para que todos supiéramos que Letizia había parido.

A la abuela Sofía no se le permitió estar presente durante el parto ni se le permite ahora la entrada en la casa.

Una prueba de querer ser, a pesar de todo, la misma abuela para todos, se puso de manifiesto horas después de posar con sus nietas Leonor y Sofía en la puerta del Hospital Sanitas La Moraleja, grave error, bajo la atenta mirada de Letizia, para cumplir, todos ellos, con los gestos establecidos para escenificar a la perfección el paripé de la reconciliación familiar de la que ya hemos hablado.

Después del paripé del 7 de abril, en la puerta de la clínica de La Moraleja, con Letizia y sus hijas, doña Sofía quiso posar, un día después, con su hija Elena y sus nietos, Froilán y Victoria, con elocuente complicidad.

Cuando la infanta Elena acudió al hospital en compañía de sus hijos, Froilán y Victoria, doña Sofía quiso salir con ellos a posar para los fotógrafos con muestras de complicidad y cariño. Y fue Victoria quien se colgó del brazo de su abuela, que respondió apretando el brazo de su nieta. A su vez cogió el brazo de su nieto. Los tres permanecieron abrazados hasta que se acercaron los coches. ¡Ay!, ese difícil equilibrio de la abuela que solo pretende quererlos a todos por igual.

EPÍLOGO

Vuelvo a mencionar las palabras de la reina Sofía con las que comenzó este libro: «Yo soy reina porque me he casado con el rey. Soy consorte. Ese es mi estatus personal, consorte del rey. Yo no tengo estatus propio como reina. El rey es él. Yo no tengo un estatus propio como reina. ¿Yo, Sofía, por mí sola? Por mí sola, soy princesa de Grecia y punto.»

Esta es la mujer excepcional que cumple ochenta años. Como lo hizo el rey Harald de Noruega, el pasado 21 de enero; la reina Beatriz de Holanda, el 31 del mismo mes y la reina Paola de Bélgica, el 11 de septiembre. Todos ellos lo celebraron como correspondía. También, en su día, Felipe de Bélgica o Carlos Gustavo de Suecia, quien reunió en una cena de gala a toda la realeza europea. Carlos de Inglaterra celebró una gran fiesta primero en Highgrove para doscientas cincuenta personas y una recepción en Buckingham para ochocientas, con la reina Isabel al frente. En honor a Guillermo de Holanda se ofrecieron dos cenas de gala con la presencia

Fotografía tomada el 30 de enero de 2018, en el cumpleaños de Felipe, el mismo día que entregó a su hija Leonor el Toisón de Oro.

Curiosa imagen de la familia real, el día del 70 cumpleaños de don Juan Carlos, el 6 de enero de 2008 y en la que aparece un sonriente y feliz Iñaki Urdangarin.

de reyes, príncipes y ciudadanos que también cumplían años ese día.

Felipe de España, en su medio siglo, optó por la fórmula privada de la Casa. Como don Juan Carlos y doña Sofía, quienes nunca señalaron sus cumpleaños con un despliegue real. Salvo el rey, en su setenta aniversario, cuando todavía era jefe del Estado. Con tal motivo, ofreció una cena institucional en el palacio de El Pardo con la asistencia de quinientos invitados, la mayoría de los cuales le habían acompañado a lo largo de su reinado.

Era la segunda vez que se utilizaba este palacio para celebrar un cumpleaños o un aniversario. La primera tuvo lugar el 12 de octubre de 1985, cuando los condes de Barcelona festejaban sus bodas de oro. Un millar de invitados acudieron, entre ellos Felipe González, presidente entonces del Gobierno. Como dato curioso, don Juan también invitó a Alfonso Ruiz Moragas, quien entonces era bien visto por la familia real. Lo fue hasta que un juez le reconoció ser hijo de su padre, el rey Alfonso XIII. Desde ese día, se le ignoró hasta su muerte.

Cuando la reina cumplió cuarenta años, su marido le preparó una fiesta que no olvidará jamás.

LA REINA, MI HIJA Y YO

Me ha sido muy grato retomar la biografía de doña Sofía no como un cortesano o un hagiógrafo que solo cuenta lo que a la reina le pueda gustar leer, sino con lealtad, poniendo en conocimiento del lector de este libro lo que de la soberana debe conocer y, a lo peor, no conoce. Lo hago sin rencor, haciendo honor al lema de mi vida no solo profesional: valgo más por lo que callo que por lo que cuento. Lo que tengo que callar lo silenciaré siempre.

Todo lo que han leído es fruto de mi personal y directa experiencia. Solo he pretendido iluminar, sobre todo, las sombras de su vida privada, que también las tiene. Porque de ella se conoce su faceta de reina, por encima de la de esposa, madre y mujer. También los sacrificios de su vida, ya que el sacrificio de sí misma es una de las condiciones de su existencia, no solo como esposa sufridora del rey; como madre, no siempre acertada, ni mucho menos; y como mujer con sus defectos, que los tiene.

Aunque mantengo todo lo que de ella he escrito en el libro que tienen en sus manos, tristes sucesos en la vida de este autor, en los que la reina no supo, no quiso o no pudo atender, lastimaron para siempre mis sentimientos hacia su persona que, el paso del tiempo, va mitigando aunque no borrando. Porque, cuando acudí a ella, no para pedir, sino buscando la terapia de un consuelo, no la encontré. Posiblemente y, en el mejor de los casos, por un «malentendido». Dejemos no el beneficio sino el perjuicio de la duda que tanto dañó mi afecto hacia ella.

Con fecha 24 de enero de 1996, recibí del entonces secretario de Su Majestad la Reina, José Cabrera García, una carta (las cartas son de quien las recibe y no de quien las escribe y por ello la reproduzco a continuación) redactada en los siguientes términos:

Mi querido amigo:

Contesto, por indicación de Su Majestad, a la carta en la que me comunicaba la muerte de su querida hija a consecuencia de la droga y el sida. Su Majestad desea expresarle, en primer lugar, su más sentido pésame por tan dolorosa pérdida que, dadas las circunstancias en que se ha producido, hacen más sensible al corazón de Su Majestad este acontecimiento. Respecto a sus reflexiones sobre la problemática de la droga y la degradación que en las personas produce esta dependencia, Su Majestad no puede hacer otra cosa que compartir con usted esos terribles interrogantes que se plantea como padre, los cuales le animan, por otra parte, a dedicar su mayor esfuerzo a ayudar a las personas que se encuentran en esta situación. En lo que hace referencia a su afirmación de que hace un año pidió audiencia a Su Majestad para exponerle este problema, creo deba haber un malentendido...

Es necesario hacer aquí y ahora una interrupción en la lectura de la carta real para preguntarme si una tragedia como la muerte de mi hija puede ser substanciada con un punto y aparte. Porque mi vida se vio truncada brutalmente cuando supe que Isabel, mi única hija, tan inteligente y bonita ella, periodista como yo, compartía a pesar de su cultura, que le sirvió bien poco, las agujas con los drogadictos, los marginados de los poblados como La Celsa o Las Barranquillas, convertidos en repugnantes supermercados de la droga a granel y a los que acudía y sigue acudiendo, todo aquel que se droga.

Mi hija se «suicidó», fagocitando su voluntad a grandes bocados, vorazmente, sin resquicio a la piedad hasta convertirse en nada, poco antes de morir, desvencijado su cuerpo como si se le hubiese quebrado el espinazo, sin fuerzas, sin vida, sin alma, en fin.

De todas formas y, al igual que hizo el famoso psiquiatra Carlos Castilla del Pino, cuando su hija se quitó la vida, me dije «la muerte no debe vencerme». Y como él, me blindé, pero me quedé tan desestabilizado emocionalmente que, antes de esta debacle final se cerniera sobre mi existencia y angustiado por no encontrar respuestas lógicas y coherentes a tanta tragedia, dolor y tristeza, decidí, ingenuo de mí, acudir a la reina. No para pedir nada, que nada podía darme en esas dramáticas circunstancias y momentos, sino buscando en quien, como ella, preside una Fundación contra la droga, una respuesta, al menos creíble, sobre los efectos de la heroína que estaba matando a mi hija.

Porque Isabel no era una marginada social sino una joven preparada y con un porvenir brillante como periodista. Era mi ingenuo deseo, repito, que en las periódicas reuniones de la reina con sus colaboradores de la Fundación, todos ellos de relevancia social, científica y política, abordaran el tema desde esa nueva perspectiva. Para eso, solicitaba una audiencia privada con ella. Pero, mi hija... murió. No solo conté con el muy sentido pésame personal del rey don Juan Carlos sino con la presencia del jefe de su Casa, Fernando Almansa, a quien envió, para que le representara, en la misa de réquiem, de carácter privadísimo, que el padre Juan Ricardo Salazar Simpson, hermano de mi entrañable Felicidad de Rato, ofreció por Isabel en la cripta de la Iglesia de los Jesuitas de la calle Serrano de Madrid. De la reina Sofía... esa carta de su secretario José Cabrera. Pienso que el terrible drama que yo estaba viviendo y que acabó con la muerte de Isabel exigía algo más que una simple misiva de compromiso.

ÍNDICE DE NOMBRES